GRAÇA EXTRAORDINÁRIA

ALINE BARROS

GRAÇA EXTRAORDINÁRIA

*O poder de Deus além da compreensão,
mas ao nosso alcance*

Rio de Janeiro, 2015

Copyright © 2015, Aline Barros

As citações bíblicas são da *Nova Versão Internacional*, da Bíblica, Inc., a menos que seja especificada outra versão da Bíblia Sagrada.
As maiúsculas para os pronomes relativos a Deus são opção da autora.

As posições doutrinárias e teológicas desta obra são de responsabilidade da autora, não refletindo necessariamente a posição da Thomas Nelson Brasil, da HarperCollins Christian Publishing ou de sua equipe editorial.

PUBLISHER	Omar de Souza
EDITORES	Aldo Menezes e Samuel Coto
COORDENAÇÃO DE PRODUÇÃO	Thalita Ramalho
EDIÇÃO DE TEXTO	Elaine Jantorno
REVISÃO	Patrícia Murari
PROJETO GRÁFICO	Sonia Peticov
DIAGRAMAÇÃO	Luciana Di Iorio
CAPA	Marcus Mota (Quartel Design)
FOTO DE CAPA	Rafael Barros

CIP-BRASIL. CATALOGAÇÃO NA PUBLICAÇÃO
SINDICATO NACIONAL DOS EDITORES DE LIVROS, RJ

B273g

Barros, Aline, 1976-

Graça extraordinária: o poder de Deus além da compreensão, mas ao nosso alcance / Aline Barros. - 1. ed. - Rio de Janeiro : Thomas Nelson Brasil, 2015.
192 p.: il.

ISBN 978.85.7860.842-2

15-27393   CDD: 248.246
                        CDU: 27-184.35

Thomas Nelson Brasil é uma marca licenciada à Vida Melhor Editora S.A.
Todos os direitos reservados à Vida Melhor Editora S.A.
Rua Nova Jerusalém, 345 — Bonsucesso
Rio de Janeiro - RJ - CEP 21042-235
Tel.: (21) 3882-8200 - Fax: (21) 3882-8212 / 3882-8313
www.thomasnelson.com.br

Dedico este livro a todas as pessoas que querem viver intensamente os princípios da graça extraordinária em sua vida.

Sumário

Agradecimentos 9
Introdução 11

Parte 1 – Os princípios da graça extraordinária 15
1. Fé 17
2. Obediência 29
3. Humildade 39

Parte 2 – O poder e o alcance da graça extraordinária 51
4. Graça que perdoa e transforma 53
5. Graça que liberta e vivifica 71
6. Graça que fortalece 91
7. Graça que realiza milagres 107
8. Graça que produz comunhão 123
9. Graça que alcança todas as gerações 137
10. Graça que salva 165

Conclusão 187

Agradecimentos

Em primeiro lugar, agradeço a Deus por me permitir escrever este livro. Se não fosse pela graça extraordinária dele, eu não estaria aqui para abençoar os leitores por meio destas páginas.

Agradeço também aos meus queridos pais, Ronaldo e Sandra, pelo apoio em oração e por terem me proporcionado um ambiente familiar no qual aprendi a viver os princípios da graça extraordinária.

Também agradeço carinhosamente ao meu marido, Gilmar, e aos meus filhos, Nicolas e Maria Catherine, que foram privados em algum momento do meu tempo em razão dos compromissos com a produção deste livro. A compreensão deles foi fundamental para que pudesse trabalhar com tranquilidade e paz no coração. Juntos, partilhamos as bênçãos da graça extraordinária em nosso abençoado lar.

Os meus amados pastores — Marco Antônio Peixoto e Juçara Peixoto — também são dignos do meu agradecimento. Sou muito grata a eles pelo suporte espiritual que me concedem a cada dia. Eu vejo na vida deles a presença da graça extraordinária de forma clara. É muito gratificante tê-los como exemplo e fonte de inspiração.

Para terminar, agradeço a cada pessoa que me permitiu usar seu testemunho de vida, mesmo que de forma anônima. Louvo a Deus por ter me usado a fim de derramar sobre cada um de vocês mais e mais da sua graça extraordinária.

Introdução

Este é o começo de uma história de escolhas que vou contar a você agora.

Uma adolescente que ainda não conhecia a graça extraordinária de Jesus vivia de acordo com a falsa ideia de liberdade absoluta da década de 1970, o que a conduziu a uma gravidez inesperada e que mudaria totalmente o rumo de algumas vidas.

A mãe da jovem pensava na gravidez precoce da filha e ficava imaginando o que os vizinhos iriam dizer ou pensar. Era consensual entre todos: o melhor era abortar! A menina, no entanto, não pensava assim. Ela sentia que aquela criança em seu ventre já era amada por Deus e merecia viver. Não era justo tirar a vida daquele ser indefeso como se fosse um pedacinho inútil de carne. Assim, ela decidiu prosseguir com a gravidez, mesmo contrariando as dúvidas e as incertezas daqueles dias iniciais. Ela encarou a pressão dos próprios pais e dos pais do namorado, os preconceitos dos vizinhos e as preocupações infundadas dos amigos do namorado, que achavam que ele era muito novo para casar e que poria em risco o seu futuro profissional. Mesmo com tudo isso, ela e o namorado seguiram em frente.

Seus quadris já começavam a se expandir, e uma barriguinha despontava no corpo magrelo. Era um sábado de seu terceiro mês de gestação, mas não foi um sábado qualquer. Assistindo a um programa de auditório pela TV, a moça ficou deslumbrada ao ouvir uma belíssima voz cantando. Emocionadamente, pôs as mãos sobre seu ventre, fechou os olhos e pediu com fé: "Deus, que um dia esse meu bebê cante bonito assim também." Ela não podia imaginar o poder que seus pensamentos, seus desejos e suas palavras teriam no futuro da criança, que ela nem mesmo sabia se seria menino ou menina.

Mas antes mesmo de o bebê nascer, a graça de Deus já começou a agir de forma extraordinária na vida daquela jovem. Os ânimos de todos se acalmaram. Ela passou a receber o apoio dos pais. Ela e o namorado se casaram e constituíram uma família que daria àquela criança um ambiente acolhedor e amoroso.

O tempo passou e nasceu uma menina, que já trazia sobre si uma profecia de lábios cheios de amor e de fé num Deus que ela nem sequer conhecia. Essa menina, para a glória de Deus, era eu! Nasci para louvar a Deus com todo o meu fôlego de vida, alegria, gratidão por viver e ser salva por Jesus e alcançada por sua graça extraordinária.

Para quem correu o risco de nem mesmo poder vir ao mundo, fui muito abençoada por Deus. Recebi o dom da vida, ganhei uma família maravilhosa, pais admiráveis e um irmão muito querido, o Rafael. Quero testemunhar algo especial sobre meus pais: quando eu tinha dois anos de idade, eles entregaram a sua vida nas mãos do Filho de Deus ao tomarem conhecimento do que Jesus havia feito por eles na cruz — essa foi a melhor escolha que fizeram e que transformou totalmente nossa história de vida. Essa foi a melhor família que eu poderia ter tido quando solteira, uma família que me deu amor, apoio e me ensinou a andar nos caminhos do Senhor.

Hoje, tenho uma família linda também: meu marido Gilmar, um homem de Deus que me honra com seu amor e apoio incondicionais; meus filhos Nicolas e Maria, frutos preciosos da graça extraordinária do Senhor sobre nós.

Uma semente de Deus foi regada por lábios maternos cheios de amor, a qual cresceu e deu frutos não só em minha vida, mas na de milhares que hoje, por meio da missão que Ele me confiou, recebem também palavras de amor e fé sobre a graça de Deus, que realiza coisas extraordinárias em nossa vida e opera milagres.

Creia nisso e use também sua boca para falar das grandes coisas que Deus fez e ainda pode fazer na vida de cada um de nós. Tenho o privilégio de conhecer um pouco da história de muitas pessoas queridas que me contam suas aventuras na fé, seus desafios vencidos pelo poder de Deus, seus testemunhos da graça extraordinária de Cristo.

Meu coração ardia por um livro que, ao mesmo tempo, compartilhasse algumas dessas histórias, ensinasse verdades da Bíblia de forma simples e que tocasse vidas e corações, incentivasse os leitores a viver em amor e fé, obediência e humildade, a fim de que a graça extraordinária de Jesus tivesse plena liberdade para agir quando e onde bem entendesse. Essas são a razão de ser deste livro.

Nada é impossível para o Deus dos impossíveis; no entanto, para que o milagre chegue à nossa vida é preciso abrir a mente e o coração para Ele, conhecer o tamanho do amor e do poder dele e crer que tudo é possível para aquele que nos fortalece. Abra sua mente a partir deste instante e, com o coração humilde e sedento para ouvir a voz de Deus, mergulhe em tudo o que lerá. Não tenho dúvida de que você será abençoado e aprenderá a abençoar muitas pessoas. Em breve, espero receber notícias de milagres e transformações que o Pai celestial realizou em sua vida por meio deste livro.

Ao Deus da graça extraordinária seja a glória, a honra e o louvor hoje e para todo o sempre. Amém.

ALINE BARROS

— Parte 1 —

Os princípios da graça extraordinária

1

Fé

Remove minha pedra
Me chama pelo nome
Muda minha história
Ressuscita os meus sonhos

Todo mundo quer ter uma vida abençoada por Deus, aqui e também na eternidade. Para isso acontecer, é indispensável receber Jesus como o único Salvador e seguir seus princípios de vida: amor, fé, obediência e humildade. Os séculos passam, as sociedades mudam, mas esses princípios jamais mudarão, porque são a base de tudo aquilo que Jesus ensinou e fez neste mundo. Esses princípios nos tornam felizes e permitem que a graça de Deus se manifeste de uma forma extraordinária neste mundo.

Ao longo dos anos de serviço prestado a Deus, conheci muitas pessoas economicamente ricas e profissionalmente bem-sucedidas, mas que viviam uma vida vazia e sem sentido, muitas até desejando a morte. Isso acontece porque dinheiro em si não traz felicidade. Só a graça extraordinária de Deus nos torna completos e felizes, cheios de esperança e fé em qualquer situação.

A plena certeza do amor, da fidelidade e da providência de Deus nos faz viver de forma diferente neste mundo. Não é uma vida monótona, mas em constante transformação. Essa vida é resultado de nossa entrega a Jesus, do nosso relacionamento íntimo e diário com Deus, da oração, da obediência à sua verdade revelada na Bíblia e do exercício da fé.

Não podemos agradar a Deus com uma fé do tipo montanha-russa — de altos e baixos. Somente sendo constantes na fé, vivenciaremos de forma genuína a vontade de Deus para nossa vida, dando bom testemunho do que Cristo fez e ainda fará em nós e por meio de nós.

O QUE É FÉ E COMO CONQUISTÁ-LA

"Eu não conhecia ainda Jesus, quando algo mudou o rumo da minha vida. Tudo começou com uma 'inocente' coceira na cabeça, que foi evoluindo durante semanas até formar grandes feridas que sangravam, doíam e me causavam grande constrangimento. Procurei vários médicos, gastei dinheiro com consultas e remédios durante anos, mas nada curou aquela enfermidade sem explicação. Um dia, visitei uma igreja e assim que entrei escutei a música Primeira essência, que me tocou o coração e me fez crer que minha busca havia acabado, pois aquele Deus ia me salvar e curar. Entreguei minha vida a Jesus e, em três meses, fiquei completamente curado sem remédio algum. Hoje não uso mais boné para me esconder, e onde existiam as lesões nasceu cabelo. As marcas que ficaram foram apenas as de alegria e de gratidão a Deus em meu coração, pois hoje sei que Ele me ama."

Anônimo

Que testemunho lindo! Essa pessoa entendeu que crer no que se vê não é fé, mas constatação da realidade. Vivemos pela fé, e não pelo que vemos. A fé é a certeza de que algo que ainda não vemos acontecerá, pois Deus é fiel para realizar tudo aquilo que prometeu e que se encontra na Bíblia.

Ter fé é permanecer firme e não olhar para as circunstâncias. A fé não surge por pensarmos positivamente ou desejarmos muito que algo aconteça. Ela inunda nosso coração e nos dá a certeza de que as promessas de Deus se cumprirão em nossa vida.

A Bíblia é o caminho para aprender sobre Deus e receber a verdadeira fé. Por isso, é tão importante nos alimentarmos dela diariamente. É nela que encontramos as promessas maravilhosas de Deus para nossa vida, adquirimos fé e somos libertos da ignorância e de tudo o que nos prende ao erro, pois a verdade que vem de Deus liberta.

A única forma de ter uma vida vitoriosa é por meio da nossa fé, mas ela só é verdadeira quando é fruto da obediência aos princípios de Deus, e esses princípios se encontram neste livro milenar: a Bíblia, a Palavra viva Deus.

Confiança incondicional

Todos os grandes homens e mulheres de Deus da Bíblia tiveram de viver pela fé. Abraão, chamado de "pai da fé", é um deles. Ele vivia em uma metrópole rica e próspera, mas Deus o fez sair de lá com sua esposa e outros membros da família e ir para uma terra completamente desconhecida. Deus lhe disse para não ter medo e confiar nele porque a recompensa seria grande. Deus tinha um plano na vida dele: dar-lhe uma descendência numerosa e torná-lo muito mais próspero. Pela fé, Abraão obedeceu e partiu. Juntamente com sua mulher, Sara, ele passou por muitas lutas e livramentos, atravessou desertos e peregrinou até chegar ao seu destino. Como Deus havia prometido, eles prosperaram.

Mas dentre as promessas de Deus, havia uma que ele e Sara tanto aguardavam e que parecia nunca se cumprir: a de um filho. Abraão então perguntou a Deus se a promessa de ser pai ainda estava de pé. Deus lhe pediu para olhar para o céu e lhe garantiu que sua descendência seria tão numerosa quanto as estrelas que ele contemplava. Podemos imaginar aquele mundão de estrelas no céu escuro, iluminando cada pedacinho do Universo. Quem já foi a algum lugar fora da cidade grande sabe que, quanto mais escuro e deserto, mais iluminado e lindo o céu fica em noites sem nuvens, sendo até impossível enxergar todas as estrelas. Pense na alegria que Abraão sentiu ao contemplar aquele céu lindo, pontilhado de estrelas e saber que todas elas, até as que não conseguia ver bem, simbolizavam futuros descendentes seus.

Abraão não ficou olhando para o fato de que ele e Sara já haviam envelhecido (ele estava com quase 100 anos de idade) e ela era estéril. Ele não atentou para as circunstâncias naturais desfavoráveis. Contra toda desesperança, manteve sua fé inabalável na promessa de Deus e confiou que ela se cumpriria e que se tornaria pai de uma grande nação. Ele foi além da esperança e se manteve firme pela fé, e não duvidou nem foi incrédulo em relação à promessa de Deus, mas foi fortalecido em sua fé e deu glória a Deus, estando plenamente convencido de que Ele era poderoso para cumprir o que havia prometido. Como resultado disso, Deus honrou sua fé e Abraão e Sara tornaram-se pais de Isaque, o filho da promessa. Por meio de Isaque veio Jacó, e por meio de Jacó vieram doze filhos, os quais formaram a numerosa nação de Israel. Promessa cumprida!

Há muita coisa a se aprender com a história de Abraão. Mesmo que sejamos limitados de alguma forma, nosso Pai celestial é ilimitado. Por vezes, acontece em nossa vida algo insolúvel ou impossível de ser resolvido aos olhos humanos, mas não há limitações para o Deus do impossível.

Ao longo da caminhada, muitas pessoas enfraquecem na fé, talvez por palavras ou circunstâncias que lhes roubam do coração a promessa de Deus. Abraão não enfraqueceu, mas foi fortificado na fé. Em certos desertos ou em tempos de mesmice, temos de pedir a Deus que nos ajude a sair do mundinho horizontal, olhar para o vertical e aprender a contar estrelas. Não temos de continuar olhando para o natural, que é como o homem enxerga a situação.

Quando recebemos uma palavra que nos confronta ou entristece, uma notícia que abate o nosso coração, seja na área da saúde, das finanças ou na área emocional, temos de sair da tenda, olhar para o alto e dizer: "Sei que prometeste 'tal coisa' e que, apesar das circunstâncias momentâneas, tudo vai se cumprir." Quanto mais escuro o seu céu estiver, quanto mais adversidades enfrentar, olhe para cima e veja as estrelas como caminhos e livramentos que o Senhor já providenciou. Olhe para o alto, pois é de lá que vêm as bênçãos para sua vida.

Em certos desertos ou em tempos de mesmice, temos de pedir a Deus que nos ajude a sair do mundinho horizontal, olhar para o vertical e aprender a contar estrelas.

Vamos elevar os olhos para o céu. Nosso livramento não vem deste mundo, mas de Deus. Ele age e sempre cumprirá aquilo que prometeu. Se alguma promessa ainda não se cumpriu em sua vida, tenha fé. Não viva ansioso e triste. Sujeite-se a Deus em tudo. Viva com alegria e contentamento pelas bênçãos que já recebeu e aprenda a esperar. Não permita que seu coração fique perturbado. Deposite toda sua confiança em Jesus.

Apresente sua fé a Deus, em vez de viver murmurando e se lamentando pelos seus problemas. Pare de ficar cobiçando ou invejando a bênção dos outros. Ele tem grandes bênçãos para você. Nosso Pai celestial abre um caminho onde parecia não haver chão, abre portas onde parecia só haver muros. Vivencie essa aventura na fé. Pare de olhar no plano humano, pois Deus nos faz andar acima das dificuldades.

A promessa de Deus a Abraão se cumpriu quando este estava com 100 anos, e Sara, com 90. Deus só permitiu que o milagre acontecesse quando ninguém pudesse dizer que havia sido algo natural e contestasse a ação do seu poder. Não duvide da capacidade do Senhor de realizar o impossível.

Durante o período em que esperamos alguma promessa de Deus se cumprir, somos tratados por Ele, lapidados, amadurecemos na fé, tornamo-nos perseverantes e fortes e aumentamos nossa comunhão com Ele. Creia que, naquilo em que você tem sido mais carente, Deus fará um milagre de fartura. Confie que a porta que parece estar trancada se abrirá. Tenha fé que não há impossíveis para Deus. Creia que você viverá de modo pleno e que seu sofrimento cessará. Tudo isso só é possível por meio da fé na graça extraordinária de Jesus.

Espere em Deus

"Durante dois anos, fiz tratamento médico para engravidar, mas sem sucesso. A mão de Deus agiu e Ele me deu a bênção de ficar naturalmente grávida de gêmeos idênticos, Murilo e Miguel. Tive gravidez de risco e, com 35 semanas de gestação, fui internada com pré-eclâmpsia, pois a pressão estava muito alta, e foi feito um parto cesariana de emergência. Miguel nasceu com as pernas brancas como uma folha de papel, pois quase não havia circulação sanguínea no local. Eu tive forte hemorragia, minha pressão foi quase a zero e tive de tomar sete bolsas de sangue. Assim que me recuperei, todos os dias eu ia à UTI neonatal e cantava a música Ressuscita-me *para meus filhos. Surgiram mais complicações nos bebês, como apneias e infecções. Eu só fazia orar e cantar a mesma música com fé. Murilo foi para casa após 41 dias na UTI, mas Miguel permaneceu, e ainda foi contaminado por uma bactéria chamada klebsiella (da família da pneumonia), que poderia matá-lo. Eu vivia correndo de casa para o hospital, onde Miguel estava entre a vida e a morte. Mesmo sem forças, cansada e até sem voz, eu orava e cantava sem cessar: 'Ressuscita-me!'. Hoje meus guerreiros estão com*

quase um ano de idade, fortes, lindos, e ainda canto para eles todos os dias essa música que Deus usou como inspiração e hino de guerra para me dar forças e profetizar vida sobre meus filhos."

Thais Landim

Nos momentos de luta e aflição, nossa fé é provada, mas também fortalecida. Hoje tenho certeza de que Thais tem sido uma bênção para muitas pessoas, uma mulher mais forte e pronta para repartir com outros o seu testemunho de vitória.

Jamais duvide do que Deus pode realizar. Podemos superar todas as dificuldades, pois é Ele quem nos fortalece. Não dê brecha para as vozes contrárias e incrédulas. Não fique pensando nas derrotas e nos problemas, pois o que o Pai celestial tem para nós é uma vida repleta de vitórias e bênçãos. Nutra sua mente com bons pensamentos e use sua boca para anunciar tudo aquilo de bom que Deus nos promete, pois, como imaginamos, assim será.

A falta de fé leva as pessoas a atitudes incrédulas e a criar situações problemáticas para si e para os outros. Mas Deus tem outra coisa em mente para nós. Veja o que está escrito na Bíblia:

> Portanto, assim como vocês receberam Cristo Jesus, o Senhor, continuem a viver nele, enraizados e edificados nele, firmados na fé, como foram ensinados, transbordando de gratidão.
>
> (Colossenses 2:6-7)

Viva pela fé. Não viva ansioso, preocupado e irritado, pois isso não move a mão de Deus. Fale com Ele e lhe apresente seus pedidos, e a paz que vem de Deus guardará o seu coração e a sua mente. O coração do nosso amado Pai celestial é tocado por nossa fé, nossas orações e nossa obediência. Seja fiel. Caminhe na união que você tem em Cristo. Firme-se no que você crê, e não no que vê, e os milagres virão, mais cedo ou mais tarde. Apenas espere em Deus.

Vida com propósito

Muitas pessoas sofrem hoje com o chamado "mal do século", a depressão. A maior tragédia não é morrer, mas viver sem propósito, sem fé, sem fazer a diferença neste mundo. Uma vida sem fé é sem propósito, sem confiança plena em Deus e sem conquistas marcantes. A vida só tem graça quando mergulhamos na aventura da fé, cremos na graça extraordinária de Jesus e buscamos os propósitos dele para a nossa vida. Cada um tem uma missão neste mundo, ninguém está aqui a passeio. Não é plano de Deus que vivamos sem metas de fé a serem alcançadas em todas as áreas, uma vida sem graça ou morna. Uma vida sem fé e sem propósito não faz diferença.

A Bíblia conta que certa vez os discípulos não conseguiram expulsar um demônio de um menino e ficaram muito tristes por isso. Então, quando Jesus se aproximou, perguntaram-lhe por que isso havia acontecido, e Ele lhes respondeu que a fé que tinham era pequena e lhes assegurou que, se tivessem a fé do tamanho de um grão de mostarda, poderiam até mover montanhas. Nada lhes seria impossível. Se os discípulos tivessem uma fé equivalente à pequenina semente de mostarda, poderiam não só ter libertado o menino, como também realizado uma série de outras coisas grandiosas em nome de Jesus, o que de fato aconteceu mais tarde, quando amadureceram na fé.

Hoje você pode mover montanhas pela fé, resolver situações e problemas aparentemente impossíveis. Se tivermos fé, cresceremos extraordinariamente e nos tornaremos como árvores frondosas e frutíferas, capazes de alimentar e abrigar muitos em nossos fortes galhos espirituais. Muitos podem até nos considerar insignificantes como um grão de mostarda, mas quando crescemos na fé e agimos de acordo com as promessas de Deus, Ele nos reconhece como filhos e nos concede poder e autoridade.

Quando declaramos o impossível e cremos que se realizará aquilo que ainda não vemos, nós nos tornamos grandes árvores espirituais. Passamos a ser pessoas com propósito de vida que glorificam a Deus neste mundo tão carente de boas referências, ninhos de amor e esperança e instrumentos do Pai celestial para alimentar espiritualmente a muitos.

Não tenha medo de viver intensa e poderosamente pela fé. Vivendo dessa forma, você verá a graça extraordinária de Deus se manifestar diariamente em sua vida.

Verifique sua fé

Como é bom saber que Deus tem feito tantas maravilhas na vida daqueles que decidem confiar e viver pela fé! O meu desejo é que nosso testemunho de vitória seja conhecido por muitos e alcance aqueles que vivem sem esperança no amanhã. Você eu temos de fazer a diferença nesta geração por meio da nossa fé. Os milagres, os livramentos diários e as bênçãos que o Senhor nos dá devem ser anunciados para que outros creiam no amor e no poder de Jesus.

Certa vez, um oficial do exército romano pediu ajuda a Jesus, pois um de seus empregados estava paralítico e sofrendo muito. Jesus disse que ia acompanhá-lo até sua casa para curar o homem, mas o oficial lhe disse que não seria preciso Ele ir até lá, pois não queria incomodá-lo. Bastava apenas uma palavra de Jesus para que o empregado pudesse ser curado. O oficial tinha tanta fé na palavra de Jesus que acredita que bastava o Mestre declarar a cura e pronto: o milagre aconteceria mesmo à distância. Jesus admirou-se tanto com aquela atitude de confiança, que disse jamais ter visto alguém com tamanha fé, e assegurou ao oficial: "Vá! Como você creu, assim lhe acontecerá!" (Mateus 8:13). Naquele mesmo instante, o empregado foi curado.

O oficial romano não só estava acostumado a dar ordens, mas também a obedecer; por isso, tinha o coração humilde e submisso para acatar qualquer palavra de Jesus. Essas são condições fundamentais de fé: obediência, humildade e submissão.

Que tipo de fé nós temos? Será que ela realmente desperta a atenção de Deus para este tempo? Qual fé temos mostrado às pessoas à nossa volta? Uma fé rasa ou uma fé que demonstra que cremos de verdade em Jesus e estamos dispostos a nos submeter à sua autoridade? Mostramos que podemos todas as coisas naquele que nos fortalece e confiamos que basta uma palavra dele para as circunstâncias mudarem? Quero ter uma fé que toque o coração de Deus e que Ele se admire de mim também. Quero agradar-lhe em tudo. Quero ter um nível de fé como a do oficial romano.

Não estamos imunes às dores neste mundo, mas quando passamos pelos problemas usando o escudo da fé, podemos suportar e ultrapassar todas as coisas naquele que nos fortalece. Temos o escudo da fé para nos proteger e impedir que as flechas do mal entrem em nosso coração. Seja qual for o dardo inflamado que lancem contra sua vida, continue a crer e a declarar sua vitória pelo poder de Deus. Não aceite pensamentos de derrota. Creia que tudo aquilo que Deus lhe prometeu se cumprirá. Confie em sua graça extraordinária que transforma qualquer situação e realiza milagres.

Em vez de choramingar e se entregar ao problema, use o escudo da fé para atacar qualquer mal que venha sobre você. Clame a Deus pelo seu milagre. Abra a sua boca para declarar a vitória e não dê ouvidos às vozes que querem sua derrota.

A Bíblia garante que todo aquele que crê em Jesus e vive pela fé pode contar com a graça extraordinária do Senhor em todo tempo. Quanto mais nos aproximamos do trono da graça de Deus, mais fortalecidos ficamos. Quanto mais nos aproximamos dele, quanto maior nossa comunhão com Ele, mais crescemos na fé, porque aprendemos que sua verdade não muda e Ele cumpre o que diz. Nele não há nenhuma? sequer. Temos de confiar cada dia mais nesse Deus maravilhoso, porque sabemos que nada vai mudar a respeito do que Ele nos promete.

Sabemos que o Criador de todas as coisas está conosco e nada é maior que Ele neste mundo. Portanto, somente nós mesmos, se deixarmos de crer e abrirmos mão do que falou a nosso respeito, poderemos impedir que se cumpram os propósitos incríveis que Ele já nos tem preparado. Às vezes, o problema nem é tão grande assim, e fazemos tempestade em copo d'água, achando que o nosso desafio é o maior do mundo.

Preste atenção a uma coisa: há uma grande diferença entre adversidades e tragédias. Não trate seus desafios como tragédias. Busque serenidade para resolver seus problemas do dia a dia, confie em Deus nas pequenas e nas grandes soluções de que você necessita, simplesmente obedeça à voz dele e confie que tudo o que Ele prometeu se cumprirá.

> Não trate seus desafios como tragédias. Busque serenidade para resolver seus problemas do dia a dia, confie em Deus nas pequenas e nas grandes soluções de que você necessita.

Deus não tem filhos preferidos. Ele usa todos aqueles que se dispõem a seguir seus princípios, a andar em fé, obediência, humildade e amor, a todos que se colocam submissos a Ele e esperam nele. Busque uma fé inabalável. O Pai celestial quer nos usar para fazer a diferença nesta geração, para sermos luz em meio às trevas e testemunhas do seu poder. Imagine que lindo será você contar ou até escrever suas experiências de vida com Deus! Quantas pessoas poderão ser alcançadas pelo seu testemunho de fé e milagres.

Entregue-se completamente a Deus e faça a diferença neste mundo, sem ter vergonha nem medo de viver pela fé. Deus nos deu espírito de poder, de amor e de equilíbrio. Você tem direito de viver nesse nível de esperança e poder. Não aceite menos que isso, pois a graça extraordinária existe e está disponível para que você viva de forma vitoriosa em Cristo.

A graça em ação

"Há três anos, com apenas 26 anos, passei pelo maior desafio de minha vida. Foi descoberto um câncer em meu intestino. Passei pela cirurgia, mas após uma semana, ocorreram complicações e tive de voltar para a mesa de cirurgia. Eu estava tão fraca, sem comer nem beber havia dias, que não tinha forças sequer para levantar a mão. Pouco antes dessa segunda cirurgia de emergência, eu queria orar, clamar a Deus, pois achava que ia morrer, mas o nervosismo não me fazia encontrar as palavras para falar com o Pai. Então, veio ao meu coração a música Ressuscita-me, e ao longo de todo o percurso entre o quarto e o centro cirúrgico eu fui falando mentalmente a letra inteira como uma oração. Quando cheguei lá, entreguei meu viver a Deus e fui completamente envolvida por sua paz. Hoje estou curada, desfruto da bênção de ver minha filhinha crescer e busco ser um instrumento nas mãos do Senhor para que outros entendam que há um Deus do impossível e que sua graça extraordinária realiza milagres!"

Erika Veiga

2

OBEDIÊNCIA

Te dou meu coração
E tudo que há em mim
Entrego meu viver
Por amor a ti, meu Rei

Para desfrutar uma vida de fé de milagres na graça extraordinária de Jesus é preciso aprender este outro grande princípio: o da obediência. Deus enviou Jesus ao mundo, mas coube a Ele escolher obedecer ao Pai e aceitar a missão de se sacrificar pelos pecados da humanidade. Jesus não desistiu, foi até o fim e honrou o Senhor com sua decisão de obedecer-lhe, pois isso era o mais importante para Jesus. Ele mesmo disse que o alimento de sua vida era fazer a vontade daquele que o enviou e concluir a sua missão.

No monte das Oliveiras, pouco antes da crucificação, Jesus se angustiou como qualquer ser humano e abriu o coração para o Pai, pedindo-lhe que, se fosse possível, não sofresse tanto. Sua angústia era imensa, seu suor até se tornou como gotas de sangue. Deus ficou em silêncio, mas, mesmo assim, Jesus decidiu obedecê-lo e morrer na cruz por nossos pecados.

Cristo escolheu fazer a vontade do Pai celestial e sacrificar-se no Calvário pelos pecados da humanidade. Jesus não se deixou levar pela vaidade de ser o Filho de Deus, ao contrário, foi humilde e obedeceu. Sabe qual foi o resultado dessa obediência? Ele foi exaltado por Deus à mais alta posição. O mesmo acontece a todo aquele que decide obedecer a Deus — Ele o eleva neste mundo e na eternidade.

Jesus morreu para que todo o peso do pecado e da morte recaíssem sobre Ele. Na cruz, Ele foi como um para-raios, atraindo para si toda dor, culpa e condenação que estavam destinadas ao ser humano desde a desobediência de Adão e Eva, mas ressuscitou e conquistou a vitória não só para si, mas para todos que vivem nele. Ele honrou o Pai celestial com a escolha de obedecê-lo.

Isso nos leva a refletir: Em que nossas decisões e ações têm honrado a Deus? Escolha amá-lo sobre todas as coisas e ao próximo como a si mesmo. Decida glorificá-lo não só com os lábios, mas de todo o coração com seus pensamentos e suas atitudes, assim como fez Jesus.

A QUEM OBEDECER

"Eu me sentia muito vazia, triste e infeliz. Um dia, um amigo me deu o CD Sem limites, de Aline Barros, e aquelas músicas começaram a tocar meu coração de uma forma tão forte que eu não parava de ouvir e cantar as músicas. Minha primeira provação foi meu irmão, que debochava: 'Vai virar crente, é?' A segunda foi a proibição de ir à igreja. Eu não desobedeci aos meus pais, mas permaneci firme, seguindo meu coração que me dizia estar no caminho certo e que só em Jesus eu seria feliz. Continuei louvando a Deus até o dia em que consegui convencer minha família a irmos juntos à igreja. Todos se converteram, e hoje somos felizes e abençoados."

Aline Gutierrez

Que Deus seja exaltado pelo testemunho dessa jovem. São muitas as histórias lindas de conversão, libertação, cura e transformação que escuto ao longo desses mais de vinte anos de missão que Deus me confiou. A história da Aline destaca outro princípio igualmente importante na vida com Deus: a obediência. Muitas são as Alines que conhecem a verdade e praticam os princípios de Deus na sua vida e que perseveram na fé. Mesmo que a ordem de seus pais fosse para não ir à igreja, ela obedeceu, cumprindo assim o mandamento de honrar pai e mãe, que receberam de Deus a autoridade sobre os filhos. Esse mandamento traz uma promessa: para que nossos dias sejam prolongados sobre a terra. Esse é um princípio divino que deve ser levado a sério. E sua obediência gerou um testemunho positivo, que, por sua vez, produziu o interesse de sua família na mensagem do amor e da graça de Deus. Obedecer ao Pai celestial traz resultados positivos na vida dos que se deixam guiar pelos princípios da Bíblia.

Devemos ser submissos a Deus em tudo. A Bíblia está repleta de passagens de exortação à obediência a Ele. Esse princípio divino, no entanto, se aplica a outras pessoas em posição de autoridade sobre nós, como é o caso dos pais, dos professores, dos empregadores, das autoridades governamentais, dos cônjuges e também daqueles que foram chamados por Deus para exercer a autoridade espiritual, como é o caso dos pastores que cuidam das ovelhas de Deus. Além disso, também somos instruídos a ser submissos uns aos outros em amor.

A desobediência ou insubmissão é algo muito sério, pois fere esse princípio divino da autoridade delegada por Deus e é contrário ao caráter do próprio Jesus. Ele sempre obedeceu ao seu Pai celestial em tudo. Repare que Jesus falava com autoridade porque estava submisso à vontade do próprio Deus.

> *A desobediência ou insubmissão é algo muito sério, pois fere esse princípio divino da autoridade delegada por Deus e é contrário ao caráter do próprio Jesus.*

Todo líder de sucesso jamais se deixa levar pelo orgulho ou pela vaidade. Ele não se afasta de sua autoridade imediata neste mundo nem deixa de ser submisso a Deus. Uma autoridade sempre tem de estar sujeita a uma autoridade maior. Isso é um princípio muito importante. Se você quer ter autoridade concedida por Deus cantar, pregar e fazer diferença neste mundo, tem de estar debaixo da autoridade espiritual de um líder, que o abençoará e intercederá por você. Isso produz aprendizado, crescimento e humildade, além de fortalecer a sua missão.

Você pensa que eu não ajo dessa forma? Vivo alegremente em obediência ao meu pastor e sua esposa, que me cobrem de oração, exortam, abençoam, intercedem por minha vida e me ensinam a ser útil na obra de Deus. É na igreja, debaixo da autoridade deles, que aprendo e sou abençoada por Deus.

Jesus também foi submisso aos seus pais. Certa vez, Ele estava com sua mãe e os discípulos em uma festa de casamento quando o vinho acabou. Maria, então, contou isso a Jesus e disse aos empregados que fizessem tudo o que Jesus mandasse. Jesus ordenou que enchessem de água seis enormes jarros que estavam ali perto. Eles o obedeceram e o milagre aconteceu: a água foi transformada em um vinho muito melhor, de qualidade superior ao que havia acabado.

O milagre só aconteceu porque os empregados obedeceram às ordens de Jesus. A obediência faz o milagre se realizar. Se você quer ver o milagre acontecer em sua vida, obedeça às ordens de Jesus sem questionar, filosofar ou discutir. Ao obedecer à voz de Jesus, você vê o milagre acontecer.

Quem obedece é abençoado e torna-se cheio de amor. Se Deus lhe confiou algo, faça o melhor e sujeite-se às autoridades que Ele estabeleceu sobre sua vida.

Por que obedecer

Ao obedecermos ao chamado de Jesus, alcançamos muitos e somos usados por Ele como canais de vida e libertação. Somos imagem e semelhança de Deus e fomos criados para ser como Ele, cheios de vida e paz. O plano dele desde o início era este: que fôssemos seus amigos, que tivéssemos comunhão plena com Ele, que não fôssemos escravos de coisa alguma, que governássemos a terra e fôssemos felizes.

Deus, contudo, concedeu às pessoas o livre-arbítrio, o poder da escolha para obedecer a Ele ou não. Ele não criou robôs, bonequinhos para seu lazer, mas indivíduos constituídos de vontade própria e capacidade de optar. Esse poder de decisão faz toda a diferença, define o que faremos no dia a dia e como será nosso futuro, porque nossas atitudes mostram se estamos ou não seguindo Jesus. Nossas escolhas sempre resultam consequências positivas ou não para a nossa vida.

Cresci em um lar cristão, mas isso não me garantiu a salvação. Aos 11 anos eu tive de tomar a minha decisão e escolhi servir a Jesus. Ninguém é salvo porque os pais o levam para a igreja. A salvação é individual, e se um dia eu não tivesse feito a minha escolha por Jesus não seria salva. Essa é a lição que tenho ensinado aos meus filhos: irmos à igreja em família não garante a salvação deles. Cada um é responsável pela escolha de obedecer ou não a Jesus.

Hoje, passados tantos anos e tantas experiências maravilhosas com esse Deus poderoso, posso dizer: não me arrependo nem um pouco. Tenho a paz que excede todo entendimento, alegria constante nele, tantas vitórias conquistadas por intermédio de Jesus na cruz. Lanço sobre Ele todas as minhas ansiedades e tenho esperança no amanhã.

Obedecer a Deus e andar com Jesus sempre traz acréscimos, bênçãos sobre bênçãos, graça sobre graça. A consciência de tudo isso me faz prosseguir e guardar minha mente e meu coração. Há muitos desafios, pois a vida com Jesus é sempre uma aventura, um crescer no entendimento e no espírito, um processo de amadurecimento e transformação constantes. A cada passo que damos nessa aventura na fé, conhecemos mais o Senhor e mais nos tornamos parecidos com Ele. A cada desafio, mais comunhão, vitória, gratidão e amor. Isso é maravilhoso!

Em minha juventude, abri mão de companhias e lugares inadequados, porque entendia que o meu relacionamento com Deus estava em primeiro lugar. Escolhi viver intensamente com Ele, investir meu tempo, ler a Bíblia e aprender mais e mais com Ele, obedecer-lhe em tudo e andar com Jesus. Por isso, ao longo de minha vida, tenho colhido os frutos do que plantei, tenho o privilégio de louvá-lo, a oportunidade de falar a respeito do seu amor e levar boas notícias para as pessoas por onde passo. Além disso, tenho uma família maravilhosa, saúde e tudo mais que tem vindo como acréscimo para minha vida.

Essa busca tem de ser constante ao longo de toda a vida. Muitos, na juventude, eram fiéis a Deus, mas depois, por algum o motivo, o abandonaram. São como sementes que tinham tudo para crescer e dar muitos frutos, mas deixaram que a verdade de Deus fosse arrancada de seu coração, desanimaram diante das provações ou se deixaram seduzir pelas coisas deste mundo e acabaram colhendo frutos amargos na sua vida. Ninguém se engane: colheremos o que plantarmos. É preciso ser fiel a Deus para sempre, obedecê-lo e manter um relacionamento íntimo com Ele, buscar na Bíblia o alimento espiritual para o dia a dia, orar, entregar-se a Ele, entregar-lhe tudo e confiar nele em todo momento.

Em que obedecer

Quer saber como agradar a Deus? É fácil: se você mente, não minta mais. Se fofoca, não o faça mais. Se adultera, termine agora mesmo esse relacionamento errado. Se faz sexo fora do casamento, é errado, pare imediatamente! Isso é padrão de uma sociedade que não vive segundo a verdade de Deus. Case-se e seja feliz nessa área da vida. Se você sente inveja de alguém, peça a Deus para arrancar isso de seu coração e diga-lhe que, de hoje em diante, confiará que Ele lhe dará as bênçãos que tem preparado para você, e já o glorifique por isso pela fé. Se você tem sido infiel à família, ao patrão, à igreja ou à sociedade, mude imediatamente as atitudes que o levam ao erro. Tudo é uma questão de escolha: se corrigiremos os erros de acordo com o que a Bíblia nos orienta ou se permaneceremos no pecado.

Não podemos nos conformar com as coisas erradas que nos são apresentadas. Nossas escolhas têm de ser pautadas na obediência à Palavra de Deus como resultado de nosso amor, nossa amizade e comunhão com Ele e vontade de agradar-lhe em tudo, crescer e nos transformar.

> Portanto, irmãos, rogo-lhes pelas misericórdias de Deus que se ofereçam em sacrifício vivo, santo e agradável a Deus; este é o culto racional de vocês. Não se amoldem ao padrão deste mundo, mas transformem-se pela renovação da sua mente, para que sejam capazes de experimentar e comprovar a boa, agradável e perfeita vontade de Deus.
>
> (Romanos 12:1-2)

Você quer conhecer a boa, agradável e perfeita vontade de Deus para a sua vida? Obedeça-lhe em tudo, não se conforme com o padrão deste mundo e não considere normal o que a Bíblia condena. Somos livres para escolher andar ou não com Jesus, mas temos de ter consciência de que os frutos dessa decisão virão como acréscimos: bênçãos sobre os que são fiéis, e vergonha e dor aos que são infiéis. Deus nos deu suas instruções, mas cabe-nos decidir obedecer-lhe. Quando assim fazemos, colhemos as bênçãos da obediência, assim como colhemos os frutos amargos da desobediência a Deus.

Somos livres para escolher andar ou não com Jesus, mas temos de ter consciência de que os frutos dessa decisão virão como acréscimos: bênçãos sobre os que são fiéis, e vergonha e dor aos que são rebeldes.

Você escolhe servir de verdade a Jesus quando decide dar toda a glória para Ele em todo tempo com a sua vida, obedecendo-lhe em qualquer situação, no muito ou no pouco, na saúde ou na doença, nos momentos de alegria ou nas tribulações. Nossa vida com Jesus é como um casamento. Em tudo o que fizer, em qualquer momento de sua vida, escolha seguir Jesus e obedecer suas palavras.

Escolha ser submisso

"Sou nutricionista e vi um milagre acontecer no hospital onde trabalho. Uma paciente sofreu um acidente de moto, perdeu boa parte de massa cerebral e estava em coma. Gravei umas músicas em um CD, em especial Ressuscita-me, *e colocava para a paciente ouvir até que o milagre aconteceu: ela foi voltando à consciência, emocionava-se ao ouvir a música e está se recuperando. Glória a Deus!"*

Juliana Caroline Gonçalves

O sonho de Deus é que sejamos seus instrumentos neste mundo, anunciando em todo momento e lugar a graça extraordinária de Jesus que realiza milagres. Felizes são os que não se calam onde moram e trabalham, como faz a Juliana. Tudo pelo que passamos tem um propósito divino, ainda que, a princípio, não seja o que desejamos. Tudo tem uma razão de ser. Muitos decidem seguir Jesus, mas ao longo da caminhada o abandonam quando surgem os desafios, as provações ou quando recebem um "não" ou um "espere" da parte de Deus. Não cabe desistência quando escolhemos seguir Jesus, Ele é para sempre.

Depois que passamos por dificuldades, temos maior intimidade e comunhão com Deus, aprendemos a depender dele, sentimos sua presença e passamos a conhecer mais sua verdade e sua forma de agir. Mais tarde, quando atravessamos outro momento de adversidade, já estamos mais maduros na fé e lembramos do Deus em que confiamos, de como nos supriu, livrou e tirou do deserto, intervindo quando já não tínhamos mais forças nem sabíamos como agir. Então, ultrapassamos o novo desafio com maior fé, mais experiência e certeza de que não estamos sós, pois Ele nos guiará e salvará. O meu Deus é Senhor de todas as coisas e está acima de tudo, por isso, escolho ser fiel a Ele, confiar nele e obedecê-lo.

Quando uma mulher derramou sobre a cabeça de Jesus o perfume mais caro da época (cujo preço era o equivalente a quase um ano de salário de um trabalhador), muitos a criticaram e julgaram aquilo um desperdício, pois acreditavam que seria mais útil que o perfume fosse vendido e o dinheiro doado aos pobres. Jesus ordenou que parassem de perturbar a mulher, afirmou que teriam outras oportunidades para ajudar os pobres, elogiou a escolha dela e concluiu que o seu gesto de generosidade e entrega seria lembrado por toda a eternidade.

Ela ofereceu o melhor para Jesus. O que em nossa vida pode ser comparado a esse perfume caríssimo? No trabalho, na escola, na vizinhança, na igreja, na família, enfim, por onde vamos, o que oferecemos como perfume valioso a Deus? Temos glorificado seu nome por meio da obediência às suas instruções?

Como está sua vida hoje? Deus tem permitido que passe por provações, suas orações ainda não foram respondidas, as portas estão fechadas e você se sente atravessando um deserto? Louve-o, seja fiel a Ele, confie nele, aprenda a esperar o tempo dele. Ou você está numa fase ótima, próspera, cheio de saúde e com a família e o trabalho dos seus sonhos? Da mesma forma, glorifique a Deus, seja humilde e entenda que nada pertence a você, pois o Senhor o pôs apenas como administrador e tem permitido que cuide do que é dele.

O que será lembrado pelas gerações futuras a nosso respeito? Independentemente da idade, o viver sempre está pautado em escolhas. Você tem dedicado tempo para aprender sobre Deus? Tem optado por semear na casa dele com louvores, talentos e bens? Qual herança espiritual você deixará para as gerações futuras de sua família e seus amigos? Com o que você está contribuindo para espalhar as boas notícias a fim de que a graça de Deus alcance e transforme milhares de outras vidas?

A vida com Jesus é completa, e isso significa ter paz, alegria e salvação, pois isso é o que Deus tem preparado para aqueles que o buscam e o amam. Só começamos de fato a viver quando entendemos que essa é a razão da nossa existência. Muitos pensam que viver bem é ter muitos amigos, fechar grandes negócios, possuir muitos bens, obter sucesso o tempo inteiro, mas a vida plena que Jesus nos oferece vai além disso.

Todas as coisas estão sujeitas debaixo dos pés do Senhor. Jesus nos escolheu para sermos seus representantes, reis e sacerdotes, embaixadores do Rei, cartas de Cristo.

Não abra mão de Jesus por causa de amizades que não acrescentam, por sexo fora do casamento, vícios, ego, desejos do coração ou outra coisa qualquer que afaste você de Deus. Você é livre para escolher com quem vai andar, o que vai dizer e permitir o que seus olhos vejam. Você está apto a obedecer a Deus. Já parou para pensar que Jesus escolheu com quem ia caminhar? Ele escolheu os doze discípulos. Decida honrar e adorar a Deus com sua vida, segui-lo e confiar nele.

Aprenda a obedecer e fazer boas escolhas em sua vida para colher bons frutos, ver sua fé crescer e sua comunhão e experiência com Deus aumentarem. Só assim você irá se sentir mais fortalecido em qualquer situação.

Quando as pessoas olham para nós, o que veem? Qual o tamanho do Deus que veem habitar em nós? Precisamos mais do que *estar perto de Deus*, precisamos estar *em Deus* para que as pessoas vejam em nossa vida sua luz e salvação. Quem decide caminhar com Jesus vê coisas maravilhosas acontecerem, o impossível se realizar, a graça e o favor de Deus serem derramados sobre sua vida e o extraordinário acontecer.

Enquanto houver fôlego, não desanime, não abra mão do Filho de Deus, vá até o final de sua história de vida com Ele. Você quer viver uma aventura na fé com Jesus, uma vida de milagres, desfrutar a graça extraordinária? Escolha andar com Ele e ser submisso a Ele.

Confie no Senhor, permaneça firme na fé, obedeça-lhe em tudo. Não desvie sua bússola, não deixe que a agulha da sua vida saia da direção norte que Deus está lhe mostrando, pois essa é a direção certa. Se você se desviar, não alcançará o propósito dele para a sua vida, mas ficará perdido. Temos de estar exatamente no lugar onde Ele quer que estejamos. Se Ele pôs você em uma posição, se lhe deu uma missão, cumpra-a fielmente e prepare-se para subir degraus em todas as áreas de sua vida, pois sua perseverança fará com que Deus o levante mais e mais.

É preciso tão somente obedecer ao Senhor, não deixar nosso eu no trono, onde só deve estar Jesus e seu querer. Que sua vida seja como uma bússola que aponta para Deus, uma expressão do caráter de Jesus, para a glória de Deus.

A graça em ação

"Aceitei Jesus no ano 2000, e embora participasse muito das atividades da igreja, eu não conseguia me libertar do pecado sexual. Eram altos e baixos, eu me sentia oprimida, chorava muito, pedia perdão a Deus, mas voltava a cair. Eu não me sentia preparada para a volta de Jesus, e se morresse, sentia que iria para o inferno. Isso me atormentava e entristecia. Eu não mergulhava no mundo de novo porque sabia que Jesus é o Caminho, mas também não conseguia obedecer-lhe nesse ponto. Até que, um dia, eu estava em casa quando tocou em uma rádio a música Ressuscita-me. Na mesma hora, senti que precisava fazer uma escolha, que não podia continuar 'morna', porque Deus ia me vomitar de sua boca, como fala em Apocalipse 3:15-16. Orei naquele instante e entreguei de uma vez por todas minha vida a Jesus, que me ressuscitou e transformou!"

Claudia Melo

— 3 —

HUMILDADE

Senhor, não quero que os meus olhos
Percam o brilho do primeiro amor por ti
Não quero que em mim
Se perca o desejo de te adorar

Você já aprendeu dois grandes princípios que levam uma pessoa a ser favorecida pela graça extraordinária de Deus: fé e obediência. Agora, é hora de aprender mais um: humildade.

Jesus ensinou algumas coisas importantes sobre esse princípio:

> Bem-aventurados os pobres em espírito, pois deles é o Reino dos céus. [...]
> Bem-aventurados os humildes, pois eles receberão a terra por herança.
>
> (Mateus 5.3,5)

"Bem-aventurado" quer dizer *feliz*. Portanto, todo aquele que obedece ao que Jesus ensinou desfruta de felicidade.

Pobre em espírito e *humilde* não tem nada a ver com ser *mediocre* ou *simplório*. Ao contrário, Deus tem prazer em que alcancemos posições de destaque em diversas áreas, que sejamos cabeça, e não cauda. Assim, Ele pode nos usar em todos os segmentos da sociedade.

Temos de ser pessoas sem malícia, mas ao mesmo tempo astutos, pois somos como ovelhas no meio de lobos. Precisamos ser sábios. Ser humilde, portanto, não é ser ignorante, sem sabedoria ou bobo; é ser alguém com atitude de servir voluntariamente, pronto a ouvir a voz de Deus e obedecer às suas instruções. É ter um coração amoroso para com todos e fazer tudo para a glória de Deus. Esse foi o exemplo que Jesus nos deixou, conforme podemos ler nesta passagem da Bíblia:

> Seja a atitude de vocês a mesma de Cristo Jesus, que, embora sendo Deus, não considerou que o ser igual a Deus era algo a que devia

apegar-se; mas esvaziou-se a si mesmo, vindo a ser servo, tornando-se semelhante aos homens. E, sendo encontrado em forma humana, humilhou-se a si mesmo e foi obediente até a morte, e morte de cruz! Por isso Deus o exaltou à mais alta posição e lhe deu o nome que está acima de todo nome, para que ao nome de Jesus se dobre todo joelho, nos céus, na terra e debaixo da terra, e toda língua confesse que Jesus Cristo é o Senhor, para a glória de Deus Pai.

(Filipenses 2:5-11)

Jesus é o modelo que temos de seguir. A consequência da humildade é ser exaltado por Deus e elevado à categoria de filho; é ter um nome de peso à nossa frente, o de Cristo, diante do qual todo joelho se dobrará. Você entende a grandeza disso? Você não é mais um na multidão. É alguém de valor, com uma identidade única para Deus. Alguém especial, que, por ter um coração disposto a servir, será exaltado como Jesus.

O MAIOR EXEMPLO

"Estudei com Aline Barros no Ensino Médio, no Rio de Janeiro. Lembro-me como se fosse hoje o dia em que outra amiga nossa chamou-me e disse: 'Escuta isso...' Aline começou a cantar e eu falei: 'Meu Deus, nasce mais uma estrela!' Aline disse que gostaria de estudar Biologia, mas eu disse que seria uma estrela gospel antes disso! Só não imaginava que nos dias mais difíceis e tristes da minha vida ela seria usada por Deus para gerar fé e consolo em meu coração. Em 2012, fui diagnosticada com câncer de mama, e fiz o tratamento durante dez meses. Durante aquele período, as músicas cantadas por Aline me davam força para lutar e vencer a doença. Eu chorava de alegria quando ouvia as canções Sonda-me e Ressuscita-me, pois sentia aquela certeza forte no coração de que seria curada, teria um futuro pela frente para me dedicar a seguir fielmente a Palavra de Deus e anunciar quantas maravilhas Ele faz. Hoje estou curada, moro nos Estado Unidos e estou prestes a começar a advogar aqui. Sim, sua colega de escola recebeu mais esse milagre, o de ter uma carreira internacional. A Deus seja a glória!"

Claudia Arantes

Glória a Deus por seu testemunho, Claudia, e pelo de todos que tomo conhecimento. A minha razão de existir é dar glória a Deus por cada milagre realizado por Ele por meio da habilidade que me confiou.

O maior exemplo de fé, obediência, submissão, humildade e amor que nos inspira é o do próprio Filho de Deus ao se entregar à morte na cruz por nossos pecados. Antes de dar sua vida por nós, Jesus ensinou aos discípulos a respeito desse princípio tão importante que é servir e se dar pelos outros. Foi um ensinamento prático. Isto é, Ele pôs em prática a fim de ser observado e imitado. Diante de seus seguidores, que lhe eram submissos, Jesus colocou uma toalha em volta da cintura, derramou água numa bacia e começou a lavar os pés de cada um deles e depois enxugou-os com o a toalha.

A primeira coisa que percebemos é que Jesus sabia quem era. Ele conhecia sua identidade. Não tinha dúvidas a respeito do seu poder e da sua glória, mas escolheu servir. Você sabe quem você é em Cristo, e todos os direitos e deveres que tem neste mundo como um representante do próprio Deus? Jesus sabia de sua condição superior, mas, apesar disso, deu exemplo de serviço e amor até o fim. Ao tirar a capa para lavar os pés dos discípulos, Jesus estava mostrando o que de fato era ser humilde, desprendido e com espírito de serviço.

Precisamos compreender que, para "crescer", é preciso "diminuir". Estamos a serviço de Deus, e devemos viver em ajuda mútua e serviço na família, na igreja e na sociedade, pois nisso se manifesta a mesma humildade e o mesmo amor que Jesus demonstrou. Quem não entende isso e ainda se julga superior é o mais inferior de todos.

A atitude de Jesus não lhe tirou a autoridade. Pelo contrário: a reafirmou. E mais: Ele pôs fim a qualquer pretensão de que alguém se considerasse superior em relação aos demais. Se Ele, sendo Mestre e Senhor, serviu aos seus seguidores, qual deles não se sentiria também motivado a servir, seguindo o exemplo supremo do Mestre? Jesus disse que os que imitarem seu gesto serão felizes.

O Pai celestial dota todos os seus filhos com dons e talentos. Use o seus para servi-lo e ser uma bênção onde estiver. Não deixe que a soberba tome conta do seu ser, tenha um coração de servo. Muitos almejam os cargos de destaque na igreja e invejam quem os têm. Se você ainda não tem uma responsabilidade específica na igreja, não fique invejando ou cobiçando o que Deus entregou a outros. Sirva em qualquer área que estiverem necessitando de ajuda. Disponha-se a ajudar em qualquer tarefa, por mais humilde que seja. Onde Deus o puser para trabalhar, faça-o de boa vontade, pois isso o agrada. Se agir assim, você não será orgulhoso nem invejoso; ao contrário, seja onde e como for, fará tudo para a glória de Deus.

Aprenda também a ser grato a Deus e às pessoas, pois isso demonstra humildade. Reconheça de onde vêm as bênçãos sobre sua vida. Saúde, família, casa, seu emprego — tudo vem como acréscimo e favor de Deus. Então, seja humilde, tenha um coração voltado para o serviço e glorifique a Deus com o seu melhor em todo o tempo, sendo útil em tudo, o máximo possível, para a glória dele.

Na hora certa

Deus tem promessas para cumprir na vida de todos os seus filhos. Ele quer vê-los prosperar, deseja que tenham saúde, família, sejam abençoados e vitoriosos. Há promessas bíblicas para todas as áreas da nossa vida. Basta consultar a Bíblia para conhecê-las e tomar posse delas. Deus quer que sua graça extraordinária alcance a todos, pois Ele não tem preferidos.

Há promessas que só se concretizam na vida daqueles que têm fé e obedecem a Deus. Para recebê-las, é preciso confiar, perseverar e ter humildade para esperar que se realizem. Há um momento próprio para todas as coisas acontecerem debaixo do céu, para que cada propósito de Deus se realize. Há muitos projetos em minha vida que ainda não foram concretizados, pois estou esperando o tempo e a vontade de Deus. Ele sabe o que é melhor para todos nós e o melhor momento para realizar a vontade dele em nossa vida.

A humildade está em servir e também em saber esperar. Muitos não querem esperar o tempo de Deus e tomam atalhos para atingir a qualquer preço seus objetivos. Esse tipo de pessoa usa de subterfúgios e até de meios ilícitos para criar oportunidades e estar perto de quem lhe possa favorecer de alguma forma. Isso não vem de Deus, que tem dádivas para todos os seus filhos. São promessas da graça extraordinária para todos que estão em Cristo, as quais Ele distribui conforme o seu querer e em seu tempo, sem que seja preciso puxar o tapete de alguém, bajular, enganar, mentir ou fazer qualquer outra coisa errada. Não se aproxime de fulano ou sicrano porque a bênção de Deus parece estar sobre ele. Ore, confie, estude, capacite-se, trabalhe e fique atento às oportunidades reais que o Pai celestial lhe der, pois no tempo certo você receberá das mãos dele o cumprimento dos propósitos para a sua vida.

Se, por um lado, a falta de humildade para esperar pode levar alguns à precipitação e ao pecado, por outro a

A humildade está em servir e também em saber esperar.

acomodação pode levar à covardia e ao desânimo. Há os que se escondem sob uma capa de humildade, mas o que têm é pouca autoestima ou falta de fé. Não se acomode, não se esconda em uma zona de conforto porque quem assim age deixa de receber as bênçãos de Deus. Confie que Ele irá abençoá-lo diariamente e saia à luta e conquiste seu espaço neste mundo.

Não desista de crer e confiar por considerar que a bênção está demorando para se concretizar. Não desanime diante do primeiro desafio que encontrar. Confie em Deus. O segredo da vida está no equilíbrio em todas as coisas e em todos os momentos, na atenção à voz de Deus e na atitude de perseverança. Não podemos ser precipitados, mas também não devemos ser acomodados, pois não existe conquista sem esforço, sonho sem metas a serem atingidas, terras prometidas a serem alcançadas sem que antes um deserto seja atravessado.

Não desanime porque o sabor da vitória é ainda maior quando conquistada com esforço, e a gratidão a Deus torna-se imensa por ver o milagre acontecer. Esse foi o caso de Abraão e Sara. Deus permitiu que Isaque só viesse ao mundo quando eles já estavam bem idosos. Esse fato não deixaria nenhuma dúvida de que havia sido pela mão do Pai celestial. Isso moveu uma reverência e gratidão a Deus não só por parte de Abraão e Sara, mas também por todas as gerações que se seguiram, fazendo com que nossa fé seja acrescida e alimentada por esse testemunho tão grande do poder de Deus. Afinal, para Ele, tudo é possível.

Não caia no erro de pegar atalhos, mas também não caia no outro erro de se esconder e perder oportunidades sob a falsa capa de humildade. Tome posse das promessas de Deus, declare-as sempre com fé para que, no mundo espiritual, elas comecem a existir. Ore sem cessar. Faça o seu melhor. Sirva a Deus em tudo e tenha certeza de que o tempo de Deus é o certo para que tudo se concretize em nossa vida. Que confiemos no poder de Deus. Que a palavra dele seja sempre a última. Que aprendamos a esperar o tempo dele para que todas as suas promessas se cumpram e sejamos suas testemunhas vivas neste mundo. Que Ele nos fortaleça mais a fim de que recebamos tudo o que a graça extraordinária já disponibilizou em Cristo.

Segundo o coração de Deus

Muitas pessoas receberam "não" da parte de Deus a respeito de algo. Moisés não pôde entrar na Terra Prometida. O rei Davi, chamado na Bíblia de "um homem segundo o coração de Deus", também recebeu um não. Davi era humilde, cuidadoso e amoroso porque havia sido pastor de ovelhas em sua juventude. Era também um homem com um coração quebrantado, sincero, submisso, grato e adorador diante de Deus, tanto que compôs muitos salmos, que são hinos de louvor a Deus. Davi também possuía algumas características marcantes, como a coragem e a ousadia, que o fizeram lutar contra um leão, um urso e um gigante — e matar os três. Ele foi ungido por Deus como rei porque confiava nele e dependia dele plenamente. Ele tinha muito respeito pelo nome de Deus. Era responsável, habilidoso, prudente, um grande guerreiro e estrategista que amava o Pai celestial. Davi tinha uma fé inabalável, por isso ele conquistou muitas terras, seu reino tornou-se temido e poderoso e ele reinou por quarenta anos.

Com esse temperamento ousado, o caráter firmado em Deus e a vontade de agradar-lhe, Davi intencionou fazer alguma coisa grande e especial: construir um templo lindo para Deus. Para sua surpresa, no entanto, ele recebeu uma resposta negativa do Senhor, pois essa missão estava designada a Salomão, filho de Davi. Ao contrário do que você possa imaginar, Davi não se entristeceu, mas ficou grato por saber que sua geração seria eternizada e seu reinado prosperaria. Tudo é uma questão do ângulo sob o qual olhamos. Davi não ficou discutindo com Deus, não se ressentiu nem foi orgulhoso. Ele foi humilde para ouvir o "não" e grato por saber que a obra seria feita pelas mãos de seu filho.

Muitas pessoas, quando recebem uma resposta negativa, deixam-se dominar pela tristeza. Não se deixe abater, muito menos se derrubar. Você é um filho de Deus. Tal como Davi, confie que o Pai celestial tem um propósito para todas as coisas, e o melhor dele está por vir. Quando algo em sua vida não acontecer exatamente como você esperava, tenha paciência e confie em Deus. Ore e diga-lhe que confia plenamente nele e o espera. Seja humilde e submeta-se a Ele em todo tempo.

A graça de Jesus nos ensina também a esperar, a receber respostas negativas, a manter a fé e a esperança de que o melhor de Deus chegará a nós e de que todas as coisas estão em suas mãos. Ela nos dá sabedoria para agir em todos os momentos, perseverança e a certeza de que não estamos firmados na areia, mas na Rocha eterna, que é Jesus. Qualquer que seja a dificuldade que venha sobre nós, estaremos firmes na Rocha. O alicerce sobre o qual estamos — Jesus — é altamente seguro. Por isso, podem vir chuvas de perseguição, transbordar rios de adversidades, soprar ventos negativos, mas nossa vida não será derrubada. Por meio da mão forte de Deus seremos salvos e desfrutaremos do melhor da terra.

> *Qualquer que seja a dificuldade que venha sobre nós, estaremos firmes na Rocha. O alicerce sobre o qual estamos — Jesus — é altamente seguro.*

Se você permancer firme, logo um novo horizonte surgirá. Para isso, é preciso deixar o passado, não ficar repassando coisas na mente, não guardar mágoas — inclusive de Deus. Já pensou se Davi não tivesse sido humilde para acatar a decisão de Deus sobre a construção do templo? Ele teria ficado se remoendo e, provavelmente, não teria sido usado por Deus como foi.

Até Jesus recebeu um "não". Pouco antes da crucificação, quando estava orando a ponto de seu suor se tornar em gotas de sangue caindo no chão, ele pediu para o Pai celestial afastar dele aquele cálice. No entanto, Deus ficou em silêncio, mas mandou um anjo para fortalecê-lo. O Filho de Deus aceitou a decisão do seu Pai e cumpriu a sua vontade, sendo morto por nossos pecados naquele que, na época, era o pior tipo de morte, a de cruz.

Se alguém lhe disse "não", se uma porta que você tanto queria que se abrisse acabou se fechando ou se não lhe deram o devido valor, dê glória a Deus e declare pela fé: "Eu creio que tens algo melhor e maior para mim." Não se esqueça de lhe agradecer. Seja humilde para receber a resposta negativa e chame à existência aquilo que você ainda não vê, mas, pela fé, logo se concretizará. Esse é o caminho de quem vive pela fé em Jesus, em obediência a Deus, humildade e submissão em todo tempo.

Prontos a servir

Algumas pessoas me perguntam: "Aline, como você pode estar até hoje sendo tão usada por Deus?" Não sou uma "iluminada", uma filha predileta de Deus. Somos todos iguais diante dele. Sabe por que Ele continua a me usar como canal de bênção? Porque continuo a me dispor a lhe obedecer em tudo, a andar pela fé em humildade e servi-lo de todo o meu coração. Toda a minha vida, a minha casa, os meus sonhos, o meu tempo — tudo está debaixo da vontade de Deus.

Certa vez, depois de um evento em uma cidade, passei por uma situação em que claramente tive de escolher se serviria ou não a Deus. Já passava da meia-noite. Eu estava exausta. Então o telefone do quarto do hotel tocou e o recepcionista informou-me que havia uma ligação para mim. Eu estava com muito sono e não imaginava o que estava prestes a ouvir, mas em meu coração, inexplicavelmente, senti que devia atender.

Do outro lado da linha, ouvi a voz de uma mulher que parecia ser jovem e gritava por socorro. Ela me dizia que não tinha mais alegria e vontade de viver, que nada mais importava ou tinha razão de ser, e seu único desejo naquele momento era dar cabo da vida.

Eu estava ali, diante de uma pessoa terrivelmente oprimida, e cabia a mim escolher entre dizer duas ou três palavras e me livrar da situação para poder dormir ou dar atenção e ajudar alguém a vencer sua batalha em nome de Jesus. Pedi ao Espírito Santo que me desse uma palavra para alcançar aquele coração e decidi servir a Deus naquele momento e em todo tempo.

Aquela mulher me disse: "Eu quero morrer, nada mais me prende a este mundo. Eu quero desistir porque não tenho mais esperança." Ela se sentia desprezada, desvalorizada e sem razão para viver. Naquele momento, por me dispor a fazer a vontade de Deus, ajudei-a a sentir-se valorizada. Passei cerca de uma hora conversando com aquela jovem, acalmando seu coração e lhe falando sobre o amor de Deus e a esperança que há em Jesus. Li a Bíblia, orei por ela repreendendo todo espírito de suicídio e perguntei-lhe se queria dar o maior e melhor passo que alguém pode dar na vida: receber o Filho de Deus como seu Senhor e Salvador. Aquela mulher decidiu receber Jesus em sua vida ali, pelo telefone, e imediatamente começou a sentir paz.

Como uma criança que nasce e precisa de cuidados especiais, procurei cuidar para que não desfalecesse em sua decisão, orientei-a a buscar uma igreja no dia seguinte para que fosse acompanhada por um pastor e orientada na sua caminhada de fé. Comprometi-me a orar por ela, e creio que, hoje, é uma semente que germinou, cresceu como árvore frondosa à beira do rio e dá muitos frutos.

Quando desliguei o telefone, agradeci a Deus pela oportunidade de ter sido um instrumento seu naquela noite. Nada acontece por acaso. Há um propósito de Deus para todas as coisas, fique atento a isso. O fato de aquela mulher ter conseguido que sua ligação fosse transferida para o meu quarto não podia ser tratado como coincidência ou acaso. Deus age como quer, na hora que é necessário, e conta conosco para trazer a sua vontade a este mundo.

A todo instante, temos a oportunidade de servir a Deus. Basta aceitar o desafio e estar disponível. Ao nosso redor, todos os dias, há centenas de pessoas oprimidas que não conseguem perceber o amor de Deus, que se acham inúteis e sem valor. Eu quero andar na presença do Senhor todos os dias da minha vida. Escolho ser um instrumento seu para que outros sejam tocados pelo Espírito Santo e recebam a graça de Cristo. E você? Todos os que optam por obedecer a Deus e servir-lhe com seus dons são usados por Ele onde quer que estejam, são abençoados em todas as áreas da vida e tornam-se abençoadores.

Seguindo os princípios de vida que há na Bíblia, permitimos que o Espírito Santo nos oriente e a graça extraordinária dele nos alcance com seu amor e acrescente tudo aquilo de que necessitamos. Os fundamentos que temos aprendido nos levam a ser canais de bênçãos a outros, para que entendam e recebam da graça de Deus.

Que você tenha um coração segundo a vontade de Deus, não só para que seja grandemente abençoado, mas também para que seja um canal pelo qual Ele poderá alcançar muitos que hoje sofrem, estão perdidos e não têm esperança nesta vida e na vindoura.

Você quer ser uma via por onde Deus pode agir livremente e alcançar muitas pessoas? Eu quero! Pelo nosso testemunho de vida, muitos entenderão o tamanho do poder de Deus e confiarão nele, seja qual for a circunstância. Seja alguém de quem Ele possa dizer:

> Muito bem, servo bom e fiel. Você foi fiel no pouco, eu o porei sobre o muito. Venha e participe da alegria do seu Senhor!
>
> (Mateus 25:21)

A graça em ação

"Meu primeiro grande desafio na vida foi aprender a viver sem meu pai, pois quando eu tinha apenas seis anos de idade ele e minha mãe se separaram. Tive uma infância turbulenta e comecei a trabalhar cedo, mas aos 11 anos minha vida mudou porque aconteceu a melhor coisa que poderia acontecer: entreguei minha vida a Jesus. Em 2011, veio o segundo grande desafio. Minha avó adoeceu, ficou de cama por cinco meses, oramos por sua cura, mas Deus a tomou para si. Minha mãe ficou em profunda depressão com aquele "não" do Senhor. Ela não saía mais de casa e vivia em silêncio. Eu colocava sempre para tocar a música Recomeçar, ficava em oração, pedia forças a Deus e suplicava que ele salvasse minha mãe. Confesso que tive medo de ouvir outro "não" do Senhor e perder minha mãe para aquela doença que a estava matando aos poucos. Para honra do Senhor, no entanto, no dia 5 de janeiro de 2014, após dois anos de luta, minha mãe saiu de casa pela primeira vez e recomeçou a viver. Hoje, tenho 25 anos e somos felizes porque o Pai refez nossa vida. Trabalho no ministério infantil da igreja, no qual tenho a oportunidade de ensinar a Palavra de Deus, dar amor e ajudar crianças que sofrem como eu sofri em minha infância. Sou muito grata a Deus por poder ser chamada sua filha, andar com Cristo, viver pela fé e ser útil em sua obra."

Anônima

Parte 2

O PODER E O ALCANCE DA GRAÇA EXTRAORDINÁRIA

4

GRAÇA QUE PERDOA E TRANSFORMA

Por seu sangue me lavou
Pelos cravos livre sou
Pela dor me curou
A vitória me entregou

Alguém precisa ter errado ou ser devedor para existir perdão, pois perdoar significa "anular", "liberar de uma obrigação". Todo ser humano é um devedor por natureza. Por quê? Porque somos descendentes de Adão e Eva, que escolheram conhecer o mal e, com isso, condenaram a humanidade ao pecado, sofrimento e dor. O que Deus queria não era isso. Ao contrário, criou a humanidade à sua imagem e semelhança, com espírito, emoções e capacidade de raciocínio e criatividade justamente para ter comunhão e amizade com Ele.

Desde a criação, o Pai celestial desejava um povo santo e amigo que vivesse com Ele em união especial, mas a natureza santa de Deus não anda com o pecado. A desobediência de Adão e Eva estabeleceu limites para essa comunhão, e a consequência dessa separação foi também a morte espiritual, porque sem santificação não se pode viver na presença do santo Deus.

O desejo original dele de manter comunhão conosco permaneceu. Por isso, nos céus, de uma forma maravilhosa, Deus planejou a nossa salvação: mandar seu único Filho, Jesus, a este mundo decaído para morrer por nossos pecados, pela transgressão que há em todo ser humano por causa de Adão e Eva. Sobre Jesus recaiu então toda culpa, dor, erro e separação, e por intermédio dele podemos ter acesso direto ao trono de Deus.

> Assim, aproximemo-nos do trono da graça com toda a confiança, a fim de recebermos misericórdia e encontrarmos graça que nos ajude no momento da necessidade.
>
> (Hebreus 4:16)

O rei Davi tinha plena consciência de sua condição humana pecadora por nascença, de seus erros, da necessidade do perdão de Deus e da busca pela santidade para que lhe agradasse, andasse sem culpa, de cabeça erguida, alegre e desse bom testemunho. Por isso, Davi foi considerado humilde e um homem segundo o coração de Deus.

Se você sente que ainda tem em seu coração algum pecado oculto, culpa ou falta de perdão e não sabe bem o que fazer para se livrar de tudo isso, prepare-se — hoje Deus vai libertar você, em nome de Jesus, assim como libertou Davi e tantos outros.

Perdão que justifica

"Eu me desviei dos caminhos de Deus, e logo minha vida se tornou um inferno. Terminei um relacionamento e meu ex-namorado começou a me perseguir e ameaçar. Minha vida era medo, pois eu morava sozinha. Fui entrando em depressão, vivia angustiada, triste, doente e cheia de dores. Comecei a desejar a morte. Andava de madrugada pelas ruas de propósito, correndo risco de ser assaltada e morta, pois não me importava com mais nada. Por duas vezes, tentei me suicidar tomando vários remédios de tarja preta ao mesmo tempo, mas Deus me guardou e não permitiu que o pior acontecesse. Um dia, vendo meu estado deplorável, meu pai chamou um pastor, que foi à minha casa e expulsou aquele espírito que me atormentava. Hoje estou liberta, firme com Deus e na igreja. Meu maior prazer agora é louvar a Deus com canções sobre esse grande amor do Senhor, principalmente, a música Ressuscita-me, pois ela expressa perfeitamente o que o Pai fez em meu viver ao me perdoar e restaurar. Nunca mais vou me afastar desse Deus maravilhoso que me perdoou, salvou, curou, libertou e justificou! Sou feliz na presença desse Pai maravilhoso!"

Anônima

O amor, o perdão e a justiça de Deus se manifestam em Cristo.

Certamente ele tomou sobre si as nossas enfermidades e sobre si levou as nossas doenças; contudo nós o consideramos castigado por Deus, por Deus atingido e aflito. Mas ele foi transpassado por causa das nossas transgressões, foi esmagado por causa de nossas iniquidades;

o castigo que nos trouxe paz estava sobre ele, e pelas suas feridas fomos curados.

(Isaías 53:4-5)

Ele não veio para condenar, mas para salvar, nos perdoar e nos dar vida eterna. Agora você entende quem é Jesus? Ele é o elo; só Ele nos religa a Deus. Jesus morreu na cruz para nos salvar da condenação do pecado, ressuscitou e está vivo no céu.

Se a salvação não estivesse somente em Jesus, para que serviria seu sacrifício na cruz e sua ressurreição? Afinal, todos poderiam "dar um jeitinho" de se salvar cumprindo alguns ritos ou tentando ser "bonzinhos". Não! Jesus é o único Caminho, a Verdade e a Vida e ninguém vai ao Pai senão por Ele. Jesus é o único mediador entre Deus e a humanidade.

Há alguns anos, uma encenação na igreja me marcou: de um lado, um personagem tipificava Deus; do outro, algumas pessoas representavam os serem humanos, e entre as duas margens havia um abismo. Unindo Deus e as pessoas estava a cruz do Calvário, mostrando que não há outra forma de chegar ao Pai, não há como ultrapassar o abismo sem Jesus. Por mais que sejamos "gente boa" ou "legais", espiritualmente nada nos torna merecedores da graça de Deus. Caridade, penitências, promessas, nada não nos faz alcançar o perdão e as bênçãos de Deus porque o único capaz de nos tornar justos diante dele é Jesus.

O pecado leva à morte, mas o perdão de Deus nos torna justos diante dele e oferece vida em Jesus. O desejo do Criador desde o jardim do Éden permanece o mesmo: o de termos íntima comunhão com Ele em amor e conivência. O amor de Deus se revela para nos abençoar e justificar em Cristo, mas aqueles que não recebem Jesus como Salvador condenam a si mesmos.

A graça extraordinária de Deus é exatamente isso: ainda que não mereçamos coisa alguma, Deus nos amou, enviou seu único Filho ao mundo para nos salvar e, por intermédio dele, somos declarados justos, perdoados, libertos, transformados, curados e recebemos incontáveis bênçãos. Em Cristo nascemos de novo, temos nova vida, somos mais que vencedores. Toda acusação contra nós foi retirada.

Se você já tomou a melhor decisão do mundo, a de servir a Deus com todo a sua vida, creia que estão à sua disposição muitas bênçãos neste mundo e no vindouro. Ao contrário disso, se você tem sido displicente com Deus ou se ainda nem mesmo sabia o que é o perdão de Deus e salvação em Cristo, faça uma oração agora mesmo. Diga a Jesus que o recebe como o Senhor e o único Salvador de sua vida e que, de hoje em diante, buscará de todo o coração viver de acordo com os seus princípios. Isso está facilmente ao seu alcance: basta crer com o coração e confessar com sua boca que Jesus é Senhor de sua vida. Invoque-o e você receberá a salvação gratuitamente.

Perdão, vida e transformação

Não existe perdão e milagre sem arrependimento. Quem vive no pecado demonstra não ter se arrependido de verdade e que ainda está preso e escravizado pelo pecado. Há pessoas que até pedem desculpas por seus erros, mas não se arrependem de fato, pois na primeira oportunidade voltam a cometer os mesmos erros ou até outros piores. Algumas chegam a sorrir com nostalgia quando contam suas aventuras do passado.

A graça salvadora começa com o reconhecimento de que, sem Jesus, não podemos ser salvos, mas se revela também em nosso dia a dia, convencendo-nos do pecado e da justiça de Deus, levando-nos ao arrependimento e à transformação. Todo mundo erra porque errar faz parte de nossa natureza humana, mas viver no pecado e ter prazer nele é outra coisa bem diferente. Quem verdadeiramente foi salvo por Deus não tem mais prazer em pecar, foge da aparência do mal e escolhe fazer o que lhe acrescenta e faz bem.

Ter uma atitude de arrependimento é fundamental, pois o espírito quebrantado e contrito move o coração de Deus.

Ter uma atitude de arrependimento é fundamental, pois o espírito quebrantado e contrito move o coração de Deus. É muito importante orar e confessar os erros, pois essa atitude liberta, demonstra humildade diante de Deus, produz o perdão e permite que Ele aja e transforme. Quando nos arrependemos de verdade, o Pai vê o nosso coração e a vontade de mudar. A partir daí, Jesus nos justifica e transforma, pois veio ao mundo justamente para chamar os pecadores ao arrependimento.

Jesus é o Cordeiro de Deus que tira o pecado do mundo. Quando Ele nos salva, passamos a pertencer a Deus, e nada nem ninguém poderá nos afastar do seu amor. Nem mesmo o diabo conseguirá nos separar de Deus, não importa quantas vezes ele tente. Ele vai lançar suas flechas malignas para nos derrubar ou nos destruir, aproveitando sobretudo de nossas fraquezas; tentará nos amedrontar com seu rugido ameaçador. Mas nada disso adiantará. Talvez até soframos algumas derrotas, mas Deus sempre nos reerguerá, pois somos dele em Cristo Jesus. Ainda que as setas malignas nos atinjam de alguma forma, elas jamais poderão nos ferir mortalmente. Jesus é a cura de todos os males. É o antídoto contra todo e qualquer mal que venha sobre nós.

O verdadeiro arrependimento produz vergonha, dor por ter magoado o coração do nosso Pai celestial e o desejo de não mais errar. Arrependimento gera perdão, transformação e vida, enquanto o remorso produz apenas um sentimento de culpa sem que a pessoa aja para consertar seu erro. Um bom exemplo disso está em Pedro e Judas Iscariotes. Embora de maneiras diferentes, ambos negaram Jesus pouco antes da crucificação. Conforme Jesus havia predito, Pedro o negou três vezes, dizendo não o conhecer, mas depois se arrependeu, chorou muito, levantou-se e deu a volta por cima. Por isso, após a morte e a ressurreição Jesus, Pedro foi um dos que mais se destacou na propagação da mensagem do amor de Deus em Cristo. Ele enfrentou autoridades, foi preso e morto por amor a Cristo.

Judas tinha ciúme e inveja de Jesus. Movido pela ganância, procurou um meio de entregá-lo aos chefes dos sacerdotes e ainda lucrar com isso, recebendo trinta moedas de prata. Depois, quando viu Cristo ser crucificado, foi atormentado pelo remorso, mas em vez de se arrepender e buscar a face do Pai celestial, Judas voltou a procurar os sacerdotes, que o desprezaram e ironizaram. Ele então sentiu o peso opressor do remorso sobre seus ombros, mas foi incapaz de pedir perdão a Deus e enforcou-se.

Pedro é exemplo de arrependimento, pois houve mudança radical em sua vida. Quem não se arrepende de verdade sente uma tristeza momentânea e a consciência pesada quando erra, mas isso logo passa porque não se deixa transformar pelo Espírito, continua agindo de modo errado como antes e não gera bons frutos. O arrependimento leva ao quebrantamento, ao desgosto com as atitudes erradas, ao desejo de mudar, de ser bênção e agradar a Deus, sendo diariamente transformado de acordo com sua vontade.

O coração contrito e arrependido se enche de vida, é transformado e produz frutos dignos, pois a pessoa passa a viver de maneira diferente de quando estava no pecado. Muito além de um momento de choro e emoção, o arrependimento é uma atitude, uma decisão de mudança, uma vontade enorme de agradar a Deus. Diante de alguém assim decidido, o Pai celestial completa a obra, fortalece, ensina a maneira certa de agir, dá livramento e abençoa. A única forma de vencer um vício, mau hábito ou erro é confessar que está errado, pedir perdão e abandonar de vez o erro. A partir de então, se a pessoa procurar viver a maneira correta de agir, Deus agirá e a fortalecerá, dando-lhe a vitória.

Como é favorecido e abençoado aquele que se deixa moldar pela verdade e vontade de Deus. A bondade e a misericórdia dele seguem tal pessoa por todos os dias. Não lhe falta nada e sempre há paz, alegria, esperança e consolo. Nosso alvo tem de ser a santificação, como Deus é santo. Para isso, não há outro caminho senão ter um coração quebrantado e contrito diante do Pai celestial.

Perdoados e perdoadores

"Eu era casada havia mais de dez anos, tinha uma filha e uma família feliz. Meu marido sempre foi muito gentil e atencioso, e nosso casamento era modelo de união, cumplicidade e amor. Montamos um pequeno negócio, que logo prosperou. Decidimos, então, ter o segundo filho — na verdade, foi a segunda filha que Deus mandou. Quando ela estava com cinco meses, meu marido saiu bem cedo para trabalhar, como fazia sempre, mas logo voltou em casa e me disse sem rodeios que tinha uma amante e ela estava grávida. A princípio, pensei que fosse uma brincadeira, mas ao ver seu nervosismo e fisionomia transtornada, meu mundo desabou... Meu marido era meu alicerce, eu confiava plenamente nele e jamais desconfiei de coisa alguma.

O tempo foi passando e eu cada dia mais perdia meu marido para a outra mulher. Ele ainda estava em casa, mas havia mudado completamente. Eu sabia do amor de Deus, mas não frequentava igreja alguma. Depois de algum tempo de profunda tristeza e humilhação com essa situação, pois as pessoas comentavam e me olhavam com dó, fui buscar o maior e mais puro amor que existe no Universo, o de Deus. Comecei a frequentar uma igreja e logo me batizei. Meu marido não aceitou minha decisão, ficou furioso e passou a me rejeitar mais ainda. Fiquei firme, não abandonei o caminho do Senhor, ao contrário, eu me fortaleci cada vez mais em minha nova e verdadeira Fortaleza, comecei a participar do ministério de louvor da igreja e a me envolver com a obra de Deus. Na época, a música que era meu hino de guerra era Ressuscita-me, *pois só mesmo o Senhor para ressuscitar meus sonhos e meu casamento.*

Um dia, meu marido arrumou suas coisas para ir morar com a outra mulher, mas, antes de ir, eu lhe dei uma Bíblia de presente. Ele não gostava de igrejas nem de Bíblia, mas aceitou o presente por causa da forma extremamente carinhosa e sem rancor como lhe dei. Não sabia como, mas Deus me falava sempre que, no fim, eu teria a vitória, e ele começou a fazer o milagre... Uma noite, já morando na outra casa, meu marido não conseguia dormir, pegou a Bíblia e leu uma passagem que falava sobre a fé que Abraão tinha. Meu marido ficou tão impressionado com o que leu que, no dia seguinte de manhã, foi até minha casa para me contar o que havia acontecido.

Nos dias que se seguiram, ele foi ficando cada vez mais infeliz porque as coisas não estavam acontecendo como ele imaginava. Ele estava perturbado, inquieto e com insônia. Então passou a ler a Bíblia de madrugada, e Deus começou a agir. Em uma dessas madrugadas, quando estava viajando a trabalho, sozinho em um quarto de hotel, meu marido leu a Bíblia e entendeu a salvação concedida por Jesus. Deus abriu seus olhos para os erros que havia cometido. Meu marido pediu perdão e entregou a vida a Cristo. Ao voltar de viagem, veio com as malas direto para casa.

Transformado instantaneamente, procurou o pastor da igreja e quis se batizar. Ele abandonou tudo o que desagrada a Deus, passou a buscá-lo em primeiro lugar e voltou a ser um pai e marido exemplar. Ele tornou-se servo fiel do Senhor, honra-o em tudo, é um pregador da Palavra e um canal de Deus para que muitos de nossos familiares se convertam também. Meu marido cumpre suas obrigações de pai para com a filha que teve fora do casamento, mas me compensa por todo sofrimento que passei dando porção dobrada de amor, atenção e carinho, e eu o perdoei de todo o meu coração!

Eu adoro e amo a esse Deus maravilhoso e poderoso que nos perdoa, restaura e cumpre suas promessas, um Pai que nunca me abandonou e jamais abandonará. Ele é Senhor de todas as coisas, está acima das circunstâncias e faz o que quer porque é Deus! Hoje, eu e toda a minha casa servimos ao Senhor, que é meu Alicerce, Rocha, Refúgio e Fortaleza eterna."

Anita Cristina

Glória a Deus pela vida de todas as mulheres sábias que sabem orar por seus maridos e esperar a solução para seus problemas. Na oração do Pai-Nosso, Jesus nos ensinou que se quisermos o perdão de Deus, precisamos também aprender a perdoar os outros. Será que temos feito isso? Há uma condição para sermos perdoados de nossos erros no dia a dia: perdoarmos também. Se perdoamos, seremos perdoados; se não perdoarmos, não seremos perdoados. Essa é a verdade.

Perdoar é liberar o ofensor da culpa por seu erro, e é exatamente isso que Deus faz conosco, pois esquece nossos pecados. Se Deus, que é santo, perdoa, por que nós, que somos pecadores, não perdoaremos alguém, por pior que tenha sido a dor ou a afronta? Quem perdoa demonstra humildade por se reconhecer também pecador. Além disso, mostra confiar que a justiça vem de Deus, e não de nossas mãos.

"Aline, você está dizendo isso porque não sabe o quanto fui traído", muitos podem dizer. Eu não estou questionando a dor de ninguém. Sei que, para perdoar alguém, é preciso que este tenha magoado profundamente. Perdoar é, apesar dessa dor, tirar do coração a mágoa e o desejo de vingança, é ter misericórdia, é saber-se também pecador e entender que aquela pessoa que o feriu também merece o amor e o perdão de Deus. Perdoar, amar e orar por todos, até mesmo pelos nossos inimigos, é uma orientação do Senhor e nos torna parecidos com Ele.

Certa vez, Pedro perguntou a Jesus quantas vezes ele deveria perdoar quando alguém o ofendesse, e sugeriu sete vezes. A resposta de Cristo foi perdoar até setenta vezes sete. Vamos fazer o cálculo? Setenta vezes sete é igual a 490. Você já se imaginou perdoando alguém tantas vezes assim? O que Jesus queria dizer é que devemos perdoar infinitamente, sem contar. Simplesmente perdoar.

Jesus então contou uma história que expressa bem a questão da mesquinhez humana para perdoar, apesar de querermos sempre ser perdoados por Deus. Ele contou que um rei estava fazendo um acerto de contas com seus devedores. Um homem que devia uma enorme quantidade de prata não tinha condições de pagar. Então, como era costume naquela época, sua mulher e seus filhos teriam de trabalhar como escravos até que a dívida fosse paga. O homem então prostrou-se diante do rei, suplicou paciência e prometeu pagar a dívida. O rei teve tanta misericórdia daquele dele que não só lhe deu um tempo, mas perdoou completamente a dívida. Assim que saiu dali, o ex-devedor encontrou uma pessoa que devia a ele. Ao contrário do que você possa imaginar, ele não agiu com a mesma misericórdia. Ele agarrou seu devedor e começou a sufocá-lo, exigindo que a dívida fosse paga imediatamente. Seu devedor também suplicou clemência e pediu um tempo para acertar a dívida, exatamente como ele havia feito, mas ele não quis e, para piorar, mandou lançar seu devedor na prisão, até que pagasse a dívida. O resultado disso foi que contaram ao rei o que aquele homem impiedoso havia feito. Como resultado, o rei entregou-o aos torturadores, até que pagasse tudo o que devia, sem dó nem piedade.

Jesus concluiu a parábola avisando que Deus faria a mesma coisa com aqueles que não aprendessem a perdoar. Se não perdoamos, não podemos ser perdoados. Não perdoar demonstra orgulho diante de Deus, pois se Ele, que é santo, perdoa, como nós, seres humanos, pecadores por natureza, podemos nos achar no direito de não perdoar alguém? Isso significa se colocar acima de Deus.

A graça extraordinária de Cristo não vê como o ser humano, não dimensiona os erros como "pecadinhos" e "pecadões", não limita a misericórdia, o amor

> *A graça extraordinária de Cristo não vê como o ser humano, não dimensiona os erros como "pecadinhos" e "pecadões", não limita a misericórdia, o amor e o perdão do Pai.*

e o perdão do Pai, mas diz que todo aquele que se arrepende encontra perdão, consolo e paz. Então, seja qual for a situação amarga que você vivenciou, obedeça ao que a Bíblia ensina:

Perdoem como o Senhor lhes perdoou. Acima de tudo, porém, revistam-se do amor, que é o elo perfeito.

(Colossenses 3:13-14)

A graça de Deus não gera culpa, mas perdão. Você sabia que pessoas adoecem por causa da culpa? Se você está na graça extraordinária de Cristo, entende o que significa ser perdoado e perdoar. Em alguns momentos, somos ofendidos, mas em outros somos os ofensores porque errar faz parte da natureza humana. Mas Jesus veio ao mundo para exterminar o pecado e a culpa, e propagar o perdão de Deus.

O Espírito do Soberano, o Senhor, está sobre mim, porque o Senhor ungiu-me para levar boas notícias aos pobres. Enviou-me para cuidar dos que estão com o coração quebrantado, anunciar liberdade aos cativos e libertação das trevas aos prisioneiros, para proclamar o ano da bondade do Senhor e o dia da vingança do nosso Deus; para consolar todos os que andam tristes, e dar a todos os que choram em Sião uma bela coroa em vez de cinzas, o óleo da alegria em vez de pranto, e um manto de louvor em vez de espírito deprimido. Eles serão chamados carvalhos de justiça, plantio do Senhor para manifestação da sua glória.

(Isaías 61:1-3)

Essa missão de Jesus também é nossa! Estamos neste mundo para anunciar a boa notícia do amor de Deus em Jesus aos desprezados e sofredores, a todos que se sentem excluídos, desamparados, culpados, sem rumo e valor. Estamos aqui para dizer-lhes que em Cristo há salvação e muitas outras bênçãos. Deus está determinado a destruir a ação do pecado sobre a nossa vida e nos vestir com louvor e alegria para que sejamos como árvores fortes e frondosas para sua glória. Para que tudo isso aconteça, é necessário apenas receber Jesus como o Salvador, ser humilde no dia a dia, sempre reconhecendo os erros, perdoar a si mesmo e aos outros e trocar a antiga mentalidade pela nova que encontramos na Bíblia.

O pecado, a culpa e a falta de perdão geram dor, tristeza, doenças e morte. Em Cristo, somos mais que vencedores, pois temos o dom gratuito do perdão de Deus. Portanto, nenhuma culpa pode mais nos torturar.

Não se deixe mais escravizar pelo pecado. Você não nasceu para viver amarrado a tristezas, culpas ou outra coisa qualquer. Se algo ainda o prende e afasta de Deus, liberte-se agora mesmo em Cristo, pois Ele veio ao mundo para nos libertar. Não se prenda mais a qualquer pecado, não se deixe escravizar pelo desvio de caráter, temperamento indomável, vícios ou outra coisa qualquer que o deixe nas garras do mal. Busque na Bíblia a fé para vencer os desafios e a orientação para caminhar em santidade, de cabeça erguida como um filho de Deus. Também ore continuamente para que o Espírito Santo o fortaleça e interceda por você junto ao Pai celestial. Você verá, então, a transformação que Ele realizará em sua vida.

Perdão gera gratidão

Contei a você no capítulo 2 deste livro sobre a mulher que derramou em Jesus o perfume mais caro que existia, demonstrando seu amor e gratidão por seus pecados perdoados. Nessa ocasião, Jesus contou uma parábola quando alguns o estavam criticando e considerando desperdício o que a mulher havia feito. Ele chamou o homem, Simão, que o havia convidado para jantar e que estava pensando mal daquela situação, e lhe contou a história de dois homens. Um deles devia quinhentos denários, que era uma moeda de prata paga por um dia de trabalho braçal. Portanto, ele devia o equivalente a um ano e meio de trabalho. O outro homem da história devia apenas cinquenta denários. A questão era: qual dos dois seria mais grato pelo perdão da dívida? Então, ficou fácil até para Simão perceber que, quanto mais perdoados somos, mais gratos e cheios de amor ficamos por aquele que nos perdoou.

Quando compreendemos o tamanho da graça extraordinária de Deus, quando percebemos que éramos pecadores e nada nos tornava merecedores das bênçãos do Senhor, nosso coração se enche de alegria e gratidão por Ele nos ter concedido o privilégio de nos tornarmos seus filhos, coerdeiros com Cristo, para vivermos em abundância neste mundo e na eternidade.

Não há maior dádiva que essa. O perdão que recebemos de Deus por intermédio de Jesus nos faz alcançar lugares antes inimagináveis, viver em paz e alegria, ter as necessidades supridas, comunhão com Deus e sermos justificados e perdoados quando erramos. Essa graça extraordinária precisa ser testemunhada por nós a cada dia por meio de nossas atitudes de amor, misericórdia e perdão, para que muitos que hoje vivem tristes, amargurados e culpados também encontrem perdão, refrigério e nova vida em Jesus.

O perdão liberta

A falta de perdão escraviza, prende como uma espécie de corrente atada ao pescoço. Muitos não conseguem perdoar alguém; outros não conseguem se perdoar por algum erro cometido. Sem perdoar a si ou aos outros, ninguém é completamente livre, pois não entrega tudo a Jesus, e internamente continua preso.

Quando liberamos o perdão libertamos o coração. É como se soltássemos algo que estava preso em nossa alma. Livre-se da armadilha dos sentimentos ruins. Quem não se perdoa perde o brilho nos olhos, vive cabisbaixo, deixa de sonhar e não se acha digno de coisa alguma. Quem não perdoa alguém vive rancoroso e fica torcendo para que algo de ruim aconteça na vida de quem ele tem ressentimento, alimentando uma raiz venenosa:

> Esforcem-se para viver em paz com todos e para serem santos; sem santidade ninguém verá o Senhor. Cuidem que ninguém se exclua da graça de Deus; que nenhuma raiz de amargura brote e cause perturbação, contaminando muitos.
>
> (Hebreus 12:14-15)

Certa vez, participei de uma ação para pregar as boas-novas sobre o amor de Deus em Cristo num presídio de mulheres em Bangu, no Rio de Janeiro. Ali pude conhecer muitas pessoas verdadeiramente convertidas, que estavam presas fisicamente, mas livres de coração porque haviam se perdoado, perdoado outros e deixado o perdão de Deus inundá-las. Elas viviam encarceradas exteriormente, mas completamente livres interiormente. Como ensina o pastor Marco Antônio Peixoto: "Nenhum lugar no Universo é mais distante do que estar longe da presença de Deus". Aquelas presidiárias estavam longe do convívio social, dos familiares e amigos, mas estavam perto da presença confortadora de Deus.

Muitas pessoas estão livres fisicamente, mas presas pela amargura e falta de perdão. Sabe o que isso significa? Que ainda não estão completamente livres. Fomos chamados para a liberdade que há em Cristo. Não podemos permitir amarras ou quaisquer outras coisas que nos impeçam de viver plenamente essa liberdade que nos foi concedida.

É tempo de se liberar, romper as amarrar, entregar todo sentimento perverso diante de Deus e perdoar. Ele quer agir em todas as áreas da nossa vida, trocar emoções negativas por positivas, arrancar raízes de amargura e nos tornar verdadeiramente livres, perdoados e perdoadores.

Não retenha absolutamente nada de mau em seu coração, entregue tudo ao Pai celestial e deixe-o agir em sua vida. Mantenha-se firme na fé e jamais se afaste do amor de Deus em Cristo.

Valorize a graça

A graça nos garante o perdão de pecados, cura, salvação, libertação, além de infinitas bênçãos, mas isso não significa que vamos deliberadamente pecar à vontade, achando que o perdão já está garantido. Esse é um tremendo erro e engano, e significa tentar banalizar a graça de Deus. Nós morrermos para o pecado e passamos a viver para Deus. Trata-se uma nova vida.

Quem um dia entregou de verdade a vida a Jesus e o ama de fato não tem mais prazer no pecado, ao contrário, seu maior desejo é agradar a Deus. As tentações surgem e algumas vezes falhamos, dizendo algo que não devíamos ou fazendo alguma coisa inadequada. No entanto, logo o Espírito Santo toca em nossa consciência e corremos para o Pai a fim de lhe pedir perdão. Quem está em Cristo peca (porque errar é humano), mas não sente mais vontade de viver pecando.

> Portanto, não permitam que o pecado continue dominando os seus corpos mortais, fazendo que vocês obedeçam aos seus desejos. Não ofereçam os membros do corpo de vocês ao pecado, como instrumentos de injustiça; antes ofereçam-se a Deus como quem voltou da morte para a vida; e ofereçam os membros do corpo de vocês a ele, como instrumentos de justiça. Pois o pecado não os dominará, porque vocês não estão debaixo da Lei, mas debaixo da graça.
>
> (Romanos 6:12-16)

Quem ama Jesus de verdade não quer magoá-lo, medita na Bíblia e a põe em prática no dia a dia. Quando um filho ama os pais, preocupa-se com eles, cuida deles e faz de tudo para ser bom e digno de elogios. Quem não se importa em entristecer o coração de Deus ainda não o tem por Pai e Amigo. Por que gerar tristeza ao coração de um Pai que é tão maravilhoso, bondoso e ama incondicionalmente?

Só o fato de não entristecermos a Deus já é razão suficiente para nos afastarmos do mal. Além disso, fugir do que é errado protege nossa vida física, emocional e espiritualmente, pois não damos lugar ao mal. Se você tem vivido deliberadamente em pecado, peça perdão ao Senhor e diga-lhe que não vai mais viver assim porque quer andar em novidade de vida.

Quem está fora da vontade de Deus e de sua proteção fica sujeito às ações do diabo. Vamos guardar nosso corpo para a glória de Deus. Que nossa boca seja usada para profetizar bênçãos, e não para amaldiçoar; que nossos pés sejam ligeiros para pregar a mensagem de salvação de Deus em Cristo e em tudo estejamos sujeitos em amor ao Pai celestial, vigiando, orando e pondo em prática o que Ele revela na Bíblia, nosso manual de fé e prática.

O fruto do Espírito

O arrependimento leva ao perdão, à transformação e comunhão mais íntima com Deus e com os irmãos. Quanto mais nos aproximamos do nosso Pai celestial, mais nos afastamos do pecado e mais o Espírito pode produzir seu fruto em nós. Esse fruto é composto de nove itens: amor, alegria, paz, paciência, amabilidade, bondade, fidelidade, mansidão e domínio próprio.

Alguém que viva no pecado pode produzir o fruto do Espírito? De forma alguma! O fruto do Espírito é o resultado de um viver transformado por Cristo, de escolhas diárias por obedecer a Deus e dizer "não" ao que é errado e magoa o coração do Pai celestial. O fruto do Espírito nos abençoa como filhos de Deus, mas também abençoa quem está perto de nós.

O arrependimento gera um coração transformado e grato a Deus pelo perdão. Se você realmente se arrependeu daquilo que fez, então, não o fará de novo, ainda que seja uma tentação. Se mentia, procurará não mentir mais. Se fofocava, vai se controlar e não mais falar da vida alheia. Se caluniava, roubava, adulterava, enfim, seja qual for o pecado que você cometia, buscará não o cometer mais por amor a Deus, vontade de agradar-lhe e obedecer-lhe em tudo.

Precisamos estar dispostos a obedecer a Deus e nos arrepender sempre dos erros. Nunca podemos achar que somos "bonzinhos" ou que já nos tornamos suficientemente retos e justos. A busca pela santificação, transformação e aprendizado é para toda a vida. Quando verdadeiramente somos atingidos pelo amor de Deus, temos o desejo de agradar a Ele e de acertar, e buscamos nos arrepender quando erramos. O pecado gera morte, mas o arrependimento traz vida plena. Deus nos fortalece e já nos deu as ferramentas para que lutemos contra o mal.

Uma história de transformação

"Sou casada e tenho dois lindos filhos. Durante vinte anos, conheci tudo o que a riqueza material pode oferecer neste mundo. Morei em ótimos imóveis, tive carros, viagens e muito dinheiro, mas não tinha paz nem felicidade. Até que Deus começou a me mostrar que minha casa estava fundada sobre a areia e logo ruiria. Quase perdi tudo de material que eu dava tanto valor, e percebi que sem Deus eu não iria muito longe. Ouvindo o rádio certo dia, escutei a música Consagração, cantada por Aline Barros, e percebi que a maior riqueza e o maior presente de Deus é a salvação. Comecei a chorar e orar, entregando toda a minha vida no altar do pai. Eu e minha família fomos para a igreja, fomos batizados e estamos firmes não mais em nossa própria confiança e autossuficiência, mas em Jesus, autor e consumador da nossa fé."

Anônima

Como é maravilhoso quando Deus nos transforma e nos faz ver que as coisas deste mundo são passageiras. Como vimos, Judas deixou-se levar pela ganância, cobiça e inveja, e o resultado foi sua morte física e espiritual. Glória a Deus porque essa mulher e o marido perceberam em tempo qual é o maior tesouro deste mundo: Jesus!

A Bíblia narra a história da cura de dez leprosos que estavam próximos à entrada de um povoado (eles tinham de viver fora das cidades por causa dos riscos de contaminação). Quando viram Jesus, eles gritaram por piedade. Ao vê-los, Jesus propôs-lhes um desafio de fé: "Vão mostrar-se aos sacerdotes". Na época, caberia ao sacerdote confirmar que um leproso estaria curado e apto a voltar ao convívio social. Mas no caminho, eles foram curados. Essa é uma linda história de cura, mas somente um leproso voltou, prostrou-se aos pés de Jesus e agradeceu.

Jesus sabia que todos haviam sido curados, mas fez questão de ressaltar que apenas um havia voltado para glorificar a Deus. A atitude de humildade do leproso foi como se dissesse: "Eu sou teu agora, Senhor, e não vou viver para o pecado!" O arrependimento gera salvação, cura, transformação e fé, sem a qual é impossível agradar a Deus.

Outra história linda de transformação é a de um homem chamado Zaqueu, chefe dos publicanos (cobradores de impostos corruptos a serviço do Império Romano). Ele sabia que Jesus atravessaria a cidade e tinha curiosidade de vê-lo. Então, como era de baixa estatura, subiu em uma árvore. Quando Jesus olhou para cima e o viu, pediu para Zaqueu descer depressa, pois Ele iria à sua casa. Zaquel desceu rapidamente e recebeu Jesus com alegria. Logo muitos começaram a falar mal de Jesus, acusando-o de comer na casa de um "pecador". Zaqueu ficou muito constrangido e arrependido naquele instante por todo dinheiro que havia cobrado indevidamente. Ao ouvir aquelas acusações, ele se arrependeu, levantou-se e disse que daria metade dos seus bens aos pobres e que devolveria o dinheiro que ele havia extorquido das pessoas.

Isso é arrependimento. Zaqueu não ficou se justificando, mentindo ou dizendo algo como: "Jesus, o mundo hoje é assim mesmo. Eu tenho de fazer o que todos fazem, é o sistema. Tenho de ser corrupto, senão, podem até mandar me matar." Zaqueu se arrependeu e produziu imediatamente fruto de sua mudança, prometendo ressarcir a quem havia roubado. Arrepender-se significa ser transformado, produzir pensamentos e atitude de acordo com o fruto do Espírito.

Deus nos corrige quando erramos, mas quem é orgulhoso e autossuficiente não aceita isso e tem dificuldade de se arrepender até diante de Deus, pois, com o tempo, o coração fica cauterizado. Só consegue crescer espiritualmente quem se torna humilde de coração diante de Deus e das pessoas. Por isso, Jesus disse que o Reino dos céus é dos puros e humildes, daqueles que se tornam como as crianças.

O coração arrependido tem paz que vêm de Deus, dando leveza ao seu coração e a sua mente. Suas atitudes agora são guiadas pelo Espírito Santo. Quando erra, fica ansiosa para pedir perdão, seja ao Pai celestial, seja a um irmão.

Como é lindo quando temos o coração arrependido e contrito diante de Deus. As bênçãos, a bondade e a misericórdia do Senhor são derramadas sobre nossa vida. Não nos falta nada, nosso coração se torna confiante na Palavra de Deus e nossa fé é fortalecida.

Não se envergonhe de orar, pedindo a Deus que analise seu coração a fim de ver se existe algo de ruim que deve ser arrancado e peça um coração genuinamente arrependido e perdoador.

Busque a Deus, encha seus pensamentos com tudo o que for verdadeiro, honesto e justo para que seu coração seja como um enorme baú de tesouros que abençoa a todos que estão por perto.

Você já é um vitorioso em Cristo, nada é mais forte do que isso. Medite na Bíblia, busque-a diariamente, ponha-a em seu coração e a pratique. Ore constantemente, agradecendo a Deus pelas bênçãos recebidas e pedindo-lhe livramento e orientação. Participe das atividades de sua igreja e da comunhão com os outros filhos de Deus, pois isso também o ajudará a vencer o mal. Use seus dons e talentos para glorificar a Deus em todo tempo, para que Ele mais e mais se agrade da sua vida. A vitória já nos pertence em Cristo. Tome posse disso e viva vitoriosamente.

A graça em ação

"Tenho 17 anos, mas desde os quinze me viciei em cocaína por causa de um namorado. Depois de um ano, ele terminou o namoro comigo e fiquei sem rumo. Comecei a usar também lança-perfume e a beber muito, mas cada vez me sentia mais deprimida. Um dia, por volta de uma hora da madrugada, resolvi me matar. Fui a um viaduto para me jogar, mas ali perto vi dois rapazes que cantavam uma música linda, que depois fiquei sabendo que era Ressuscita-me, de Aline Barros. Voltei para casa com aquela música em minha cabeça e o Espírito Santo já falando ao meu coração.

Mal cheguei em casa, ouvi pela internet a música e comecei a chorar muito, a ponto de adormecer assim. No dia seguinte, pela primeira vez depois de muito tempo, acordei me sentindo feliz e renovada. Procurei mais músicas do ministério de Aline Barros e também procurei ouvir mensagens que me levassem para mais perto de Jesus.

Logo depois, Deus me falou em um sonho que em uma semana eu veria o poder dele, e assim foi: uma semana depois, meu pai, que eu não conhecia, apareceu em minha porta. Fizemos o exame de DNA que confirmou a paternidade e o milagre de Deus, pois meu pai mora em Fortaleza e eu, em São Paulo. Depois de tudo isso, eu me perdoei, perdoei meu ex-namorado e meu pai, e me libertei de todo o peso que me levava para as drogas. Hoje só vivo para louvar a Deus, sou feliz e quero andar para sempre com Jesus."

Joyce Rocha

5

GRAÇA QUE LIBERTA E VIVIFICA

Tudo posso em ti, fortaleza minha
Eu espero em ti, firme nas promessas
Tudo vai passar
Mas a tua Palavra permanecerá

Libertação é a saída de um cativeiro, de uma condição de escravidão física, emocional e espiritual para a liberdade de pensamentos, sentimentos e ações. Quando alguém recebe Jesus como Salvador, torna-se livre por causa da obra que Ele realizou na cruz, pois levou sobre si nossas dores, enfermidades, o castigo e os pecados que estavam sobre nós por causa da desobediência de Adão e Eva. Mas todo esse peso foi tirado dos nossos ombros e lançado sobre Jesus na cruz.

O plano original de Deus para a humanidade, coroa da sua criação, foi retomado com o sacrifício de Cristo e proporcionou ao homem uma vida de bênçãos sem limite. Temos liberdade em Cristo porque somos filhos de Deus.

Estar liberto em Cristo significa se livrar de uma espécie de véu que cobria os nossos olhos e nos impedia de enxergar a grandeza do Pai celestial que temos, o qual nos transforma cada vez mais de acordo com sua glória.

Faria sentido sermos chamados para a liberdade em Cristo, mas não nos sentirmos livres? Claro que não! Jesus nos chamou para vivermos livres de impedimentos, de tudo aquilo que atrapalha sua ação em nossa vida e impede que suas bênçãos nos alcancem.

Ser livre pelo amor de Deus revelado em Cristo significa não mais ser escravo do pecado nem de coisa alguma, não ter mais de viver preocupado ou ansioso, pois Ele supre todas as nossas necessidades. Quem ainda vive escravizado pelo medo não conhece plenamente o amor de Deus.

No amor não há medo; ao contrário o perfeito amor expulsa o medo, porque o medo supõe castigo. Aquele que tem medo não está aperfeiçoado no amor. Nós amamos porque ele nos amou primeiro.

(1João 4:18-19)

Livres da culpa

Assim como não temos de viver tristes, amargurados, temerosos, preocupados ou ansiosos por coisa alguma, também não temos de viver culpados por erros do passado, pois, já que estamos em Cristo, não há mais condenação. Estamos livres! Fomos resgatados do domínio das trevas e transportados para a presença de Jesus. Portanto, não faz sentido viver como éramos antes, escravos do medo e da culpa.

Há pessoas que vivem torturadas emocional e espiritualmente por causa do sentimento de culpa. Cônjuges se culpam pelo divórcio; filhos, pela separação dos pais; pais, pela morte precoce de filhos. Assim, vivem se lamentando: "Ah, eu poderia ter agido diferente naquela situação." Quem tem sentimento de culpa precisa entender de uma vez por todas uma coisa: ainda que um dia tenha errado, se de fato se arrependeu, nenhuma condenação há mais para quem está em Cristo Jesus, pois Deus não se lembra mais dos nossos erros. Veja estas palavras reconfortantes de Deus para seu coração:

> Porque eu lhes perdoarei a maldade e não me lembrarei mais dos seus pecados.
>
> (Jeremias 31:34)

> De novo terás compaixão de nós; pisarás as nossas maldades e atirarás todos os nossos pecados nas profundezas do mar.
>
> (Miqueias 7:19)

Muitas vezes, a culpa e a ferida deixadas pelas perdas levam à autopunição. Há pessoas que propositalmente se ferem, se mutilam e até cometem suicídio. Isso mostra que elas não conseguiram ultrapassar o sentimento de frustração e ficaram focadas em si, em vez de olharem para o perdão e amor que há em Jesus. Pare de remoer as perdas, perdoe-se pelos erros do passado, não se deixe escravizar por isso, liberte-se, pois seus pecados já foram esquecidos por Deus e lançados nas profundezas do mar porque Ele é misericordioso. Em Deus, nossa mente pode se encher de esperança, pois Ele é a própria esperança.

Mudança de mentalidade

Sob a direção de Moisés e guiado pelo Senhor, o povo de Israel (aproximadamente seiscentos mil homens, fora mulheres e crianças) libertou-se do cativeiro no Egito e partiu rumo à Terra Prometida. Após vários anos de escravidão com trabalhos forçados, esse povo finalmente teve a chance de se livrar daquela humilhação.

Foi necessário que o Senhor lançasse dez pragas sobre o Egito para que o faraó libertasse os hebreus e eles iniciassem a jornada rumo à Terra Prometida. No entanto, diante da primeira grande dificuldade (o mar Vermelho à sua frente e o exército do Egito atrás para matá-los), muitos israelitas se desesperaram e murmuraram contra Moisés, desejando ter continuado no Egito.

Aquelas pessoas não confiaram que o Deus todo-poderoso mudaria aquela situação. O povo de Israel estava livre fisicamente, mas sua mentalidade ainda estava presa ao Egito. Eles não estavam mais presos, mas continuavam escravos em suas mentes, pensando pequeno, idolatrando o Egito, pensando como aquele povo pensava. Chegaram a se arrepender de terem deixado aquela terra na qual eram escravizados e maltratados.

Depois desse episódio, várias vezes os hebreus murmuraram, sentindo saudade da comida do Egito. Eles faziam isso porque tinham a mente contaminada pela cultura egípcia. Por isso, aquela geração não entrou na Terra Prometida.

Aquele povo se sentiu pressionado pelas circunstâncias desfavoráveis e os problemas aparentemente insolúveis. Hoje também somos pressionados por uma sociedade que não leva Deus a sério ou vê a sua vontade como ultrapassada, e isso pode afetar qualquer pessoa, até mesmo as mais próximas a nós. Então, logo surgem os pensamentos no passado. Muitos vivem presos ao passado porque não conseguem avançar e mudar a mentalidade, não deixaram de fato algumas coisas do mundo nem se desvencilharam de maus hábitos. Outros prendem-se amarguradamente a palavras que lhes foram lançadas há muito tempo, corroem-se, temem e vivem presos a medos, superstições e baixa autoestima, sem conseguirem se ver em um futuro próspero e abençoado por Jesus.

Para ser livre em Cristo, é preciso deixar tudo isso para trás e avançar para as coisas que estão adiante. Nosso alvo é Jesus. Mantenha os olhos bem fixos nele.

Não permita que sua mente o aprisione e destrua. Você tem autoridade sobre os seus pensamentos, e não eles sobre você. Apresente a Cristo todo pensamento que ainda o prenda, mantenha cativo ou o faça se sentir diminuído ou escravizado. É um sistema operacional mental. Quem tem uma mente de crescimento pensa positivo em uma situação negativa. Precisamos ter propósitos guiados por Deus, e nada pode desviar nossa atenção deles. Ainda que as circunstâncias ao redor nos mostrem um deserto, precisamos ficar firmes na fé e crer que nosso mar Vermelho vai se abrir.

É preciso também ter plena convicção de que Deus quer nos abençoar e quer que cresçamos. Conformar-se e aceitar a necessidade é algo seguro, é uma "zona de conforto" em meio ao desconforto, mas nisso não há futuro. Se nos conformamos com o problema, nunca encontramos a resposta. É fácil permanecermos na condição em que estamos, naquilo que já alcançamos, mas para avançar, crescer e mudar é preciso ter fé e coragem. Entenda quem você é como filho de Deus. Ele quer que você desfrute do melhor da terra.

AGIR E REAGIR COMO JESUS

"Meu maior desejo era ser mãe assim que concluísse a faculdade, e esse sonho se realizou. No início da gestação, tudo correu bem, mas ao longo dela comecei a ter oscilações de pressão e tive pré-eclâmpsia. Meu filho nasceu com trinta e seis semanas de gestação e foi para a incubadora porque estava com desconforto respiratório. Em 24 horas, no entanto, seu estado piorou e ele foi internado em uma UTI neonatal, onde foi entubado e fizeram drenagens. As enfermeiras falaram o quanto era importante eu ficar perto dele e falar com ele para que ouvisse minha voz, mas eu fiz mais: cantava quase todo o tempo a música Ressuscita-me, *e cada vez que cantava, eu me*

enchia de fé, sentia a presença de Deus e a certeza de que Ele me daria a vitória. Eu lembrava de Jesus andando neste mundo, curando, realizando milagres e até ressuscitando. Então, a cada dia eu cantava mais e mais, e meu filho melhorava. Deus realizou o milagre e meu bebê se restabeleceu completamente, sendo hoje um menino muito forte e bonito. Que o Senhor continue a abençoar grandemente seu ministério, Aline Barros!"

Anônima

Essa mulher entendeu que, no momento da crise, sua fé estava sendo provada, e ela precisava estar mais próxima ainda do Senhor. No dia a dia, é mais fácil agir como Deus nos orienta, mas nos momentos de luta é que nossas reações demonstram quem realmente somos e se confiamos nele. Às vezes, pensamos em falar ou fazer algo de uma forma que agradará a Deus, mas depois reagimos de outra e ficamos tristes.

A mente que não é controlada por Deus impede que a pessoa experimente tudo o que Cristo conquistou na cruz, a novidade de vida, a vitória e bênçãos ilimitadas. Quando permitimos que Deus controle os nossos pensamentos e a nossa maneira de agir e reagir, somos visivelmente transformados e Ele realiza o milagre. Deus não tem nenhuma intenção de nos causar dano, mas de nos dar esperança e um futuro próspero.

Em nome de Jesus, eu declaro que somos a geração que tem entendimento para reagir e agir como Cristo, e vamos conseguir isso. Esse é um desafio para este tempo, para aqueles que querem viver uma vida de acordo com a vontade de Deus. Você vai reagir como Jesus, vai ter a mente de Cristo e agir como Ele agia. Eu quero pensar antes de agir: "Nessa situação, como Jesus reagiria?" Eu quero fazer o que Ele faria no meu lugar.

Em que temos pensado, como nos vemos, de que maneira temos nos posicionado, qual tem sido a nossa linguagem e o que temos feito para mostrar diferença neste mundo? Sua maneira de ser e agir reflete Jesus? Pense que você pode ir mais longe, pode subir mais um degrau, pode fazer mais do que tem feito e conquistar mais do que tem conquistado. Você pode repartir e se doar mais do que tem se doado, pode romper com os seus limites e ir além! Vamos ter os pensamentos de Deus, que são mais altos do que os nossos, e reagir como Jesus reagiria. Temos uma identidade celestial, não permita que ninguém lhe roube isso. Assim como Jesus fez e ensinou, você pode orar pelos que o perseguem, abençoar os que o amaldiçoam e perdoar a quem lhe causou danos físicos, emocionais ou espirituais. Abandone a velha prática do olho por olho e dente por dente. O princípio de oferecer a outra face, isto é, de não ceder às provocações e se desviar da vontade de Deus para sua vida, ainda é válido.

Você pode expressar amor em um mundo de desamor. É assim que temos de pensar, agir e reagir, como Jesus faria se estivesse em nosso lugar. Não permita que nada nem ninguém altere sua identidade celestial. Você é filho de Deus e Ele é amor. Nada pode mudar isso. Portanto, viva no amor.

Somos a geração que crê, que declara as promessas de Deus e confia, que avança pela fé e vê o impossível acontecer. Nada pode abalar nossa fé ou mudar nossa mentalidade porque a experiência que temos com Jesus é real e profunda. Nosso presente e futuro estão sendo escritos por Deus. Uma história de vida, de testemunhos com a nossa boca e as nossas atitudes. Não se cale, não se deixe intimidar neste tempo. Deus vai surpreendê-lo se você se dispuser a anunciar a sua verdade explanada na Bíblia e a dispor a sua vida para que gere vida naqueles que estão sem esperança e salvação.

Se sua mente for aberta, se for um território de grandes conquistas nas promessas de Deus, coisas surpreendentes vão acontecer em sua vida. Diga: "Senhor, eu nasci para grandes conquistas porque, assim como Jesus conquistou a vitória na cruz, eu sou um conquistador neste tempo. Eu me posiciono diante de ti para isso. A minha mente será renovada todos os dias em tua presença."

Precisamos nos levantar, trabalhar, gerar consciência nas pessoas a respeito do que é errado para que a mente não seja cauterizada pelo pecado. Precisamos despertar as pessoas sobre o valor da salvação em Jesus e das riquezas que existem na casa de Deus. Se os seus pensamentos estão nos problemas e dificuldades, cuidado — você está indo para a direção de sua mente. Renove-a todos os dias com a Palavra de Deus e tenha a mente de Cristo.

Renovados e transformados

Temos de viver longe das coisas do mundo e dar valor ao que realmente tem valor: a comunhão e a vida com Jesus. A Bíblia é clara ao nos alertar sobre o grande perigo de contaminação com o sistema maligno que luta contra Deus e seus valores eternos. Ela nos diz qual é a única forma de não nos deixarmos levar por modismos e ideologias pecaminosas (que vão entrando sorrateiramente em nossa mente e em nossos lares), e como nos aproximarmos de Deus para conhecermos sua boa, perfeita e agradável vontade.

Se nossa maneira de pensar e nossas atitudes forem pautadas pelo que a moda, as revistas, a TV e a Internet dizem, quase sem perceber, nossa mente será moldada pelo padrão desse sistema. Não podemos seguir o fluxo ou nos deixar acomodar, achando tudo normal. Não malhe só o corpo. Malhe também a mente, exercite-a com a leitura da Bíblia. Sua mente ficará forte, renovada e pronta para lutar contra as armadilhas que querem nos aprisionar ao mal.

Temos de renovar e transformar nossa mente em Cristo, não nos conformando com o que nos cerca, as circunstâncias, as emoções negativas e os sentimentos destrutivos. Não podemos nos conformar com pensamentos de derrota, autocomiseração e baixa autoestima. Temos de pedir a Deus uma mente renovada todos os dias para que experimentemos a boa, perfeita e agradável vontade dele.

Se permitirmos que o mundo controle nossa maneira de pensar, acabaremos por nos conformar com as situações erradas dentro de nossa casa, com a violência, a criminalidade, a prostituição e a corrupção em nosso país. Se deixarmos o mundo controlar nossa maneira de pensar, nós nos tornaremos pessoas conformadas. Todo conformado é manipulado por ideologias e situações, olha ao redor e não se sente mais constrangido nem indignado pelas coisas erradas. Anda conforme o fluxo da mentalidade deste sistema corrupto e contrário à vontade Deus, e não conforme o que Ele diz. Se esse sistema está caminhando em uma direção, temos de andar na contramão dele, pois no mundo não há sabedoria alguma. O que esse sistema chama de sabedoria, Deus chama de loucura e de futilidade.

Quem é assim não consegue se entregar completamente a Deus. É conformado e facilmente absorve o que lhe é apresentado sem refletir ou questionar, tornando-se presa fácil neste mundo repleto de espíritos enganadores e doutrinas de demônios com seus ensinamentos mentirosos que tentam desviar as pessoas dos caminhos de Deus.

Cuidado! Tenha sua mente renovada e transformada por Deus, e não pelo que diz fulano ou sicrano. Sempre preste atenção ao que ouve e verifique se está de acordo com a Bíblia. Se você perceber que há algum ensinamento que diverge dela, rejeite-o imediatamente.

A Bíblia nos manda que renovemos nossa mente nela. Não temos de ficar procurando em outras fontes, achando que vamos encontrar um caminho melhor. Não existe outro caminho além de Jesus.

COM BRILHO NOS OLHOS

"Tenho vinte e cinco anos, sou casada e tenho uma filha de 3 anos. Meus problemas começaram quando eu tinha 12 anos. Presenciei meu pai matar minha mãe e, em seguida, se matar. Na verdade, depois descobriram uma carta datada de três meses anteriores ao dia do crime, na qual meu pai havia escrito que mataria a família inteira em breve. Acredito que, desde aquele momento, houve um grande livramento de Deus em minha vida. Depois do acontecimento, morei com minha avó materna, avó paterna e minha tia materna, passei por muitos momentos difíceis, humilhações, saudades dos meus pais, me sentia sozinha e questionava a Deus por que tudo aquilo havia acontecido.

Um dia, tive um encontro com Jesus, fui batizada, mas, mesmo assim, lá no fundo do meu coração eu me perguntava por que o Senhor havia tirado meus pais de mim (era assim que eu pensava). Aos poucos, fui conhecendo a Verdade, a Palavra do Senhor, mas quando ouvi o louvor Sonda-me, entendi que jamais foi a vontade de Deus que meu pai fizesse aquilo, mas que Deus me usaria para testemunhar, evangelizar e fortalecer outros que também tivessem passado por traumas como o meu. Eu me entreguei ao trabalho de evangelização, e por meio do meu testemunho muitas pessoas têm sido atingidas pelo poder e amor de Deus, pois veem o milagre que Ele fez de restauração em minha vida. Em meu casamento, nossa música é Soube que me amava, *e minha filha ama ver e cantar com os DVDs infantis de Aline Barros."*

Jessica Sousa

Histórias como a de Jessica são muito tristes, mas também são poderosas por vermos que nosso Deus restaura todo aquele que o busca. Certa vez, fui cantar em um congresso de mulheres, mas quando subi ao palco e olhei lá de cima a fisionomia da maioria daquelas pessoas, Deus tocou meu coração porque vi rostos cansados, desanimados, tristes, amargurados, desencorajados e conformados com problemas que as estavam consumindo. Eram quase palpáveis as circunstâncias de enfermidade, adversidades familiares e financeiros, rancor e dor.

Muitas estavam vivenciando tragédias, mas outras tinham questões simples que facilmente poderiam ser resolvidas se tão somente se posicionassem diante de Deus. Em qualquer situação, seja em grandes ou pequenas dificuldades, tudo é uma questão de visão clara em relação à grandeza e ao poder do nosso Deus.

O Senhor mandou, então, que eu alertasse aquelas mulheres sobre a renovação que Ele está pronto a operar no corpo, na alma e no espírito de todo aquele que abre a mente para que as ideias dele sejam absorvidas e o coração transformado, pois Ele retira os sentimentos que não procedem dele. Eu queria ver o brilho no olhar daquelas mulheres, queria que a chama da fé reacendesse em seus corações para que não se conformassem com enfermidades, vícios, divórcios, desempregos, depressões ou outra circunstância qualquer deste mundo. Deus não quer que passemos por necessidade alguma.

> O meu Deus suprirá todas as necessidades de vocês, de acordo com as suas gloriosas riquezas em Cristo Jesus.
>
> (Filipenses 4:19)

Incentivei aquelas mulheres à luz da Bíblia a ter a mente de Cristo. Procurei mostrar-lhes que sutilmente o diabo nos afasta da mentalidade de Jesus, e põe em nós pensamentos contrários à vontade de Deus. Disse a elas que a mente mesquinha e os pensamentos pequenos não vêm de Deus e precisam ser expulsos, pois são intrusos e estão acomodados em um lugar que não lhes pertence. A nossa mente tem de ser tratada como um lugar muito especial. Não é qualquer pensamento que pode permanecer nela.

Há pessoas que se conformam com tudo, até com coisas simples como: "Minha avó tinha problemas de varizes, minha mãe idem, então eu também tenho, isso é normal." Conformamo-nos com derrotas com muita naturalidade, mas poderíamos nos impor e, pela fé, declarar: "Eu sou livre das coisas que tentam me prender. Sou liberto em Cristo de tudo o que é do passado e de doenças familiares porque minha mente é completamente livre para ver os sonhos de Deus, projetar coisas maiores, romper com o natural e entrar em um novo nível em Deus. Meu corpo é livre. Eu fui comprado por um preço muito alto — o sangue de Jesus vertido na cruz —, e não vou me conformar com o que acontece à minha volta!"

A mente mesquinha e os pensamentos pequenos não vêm de Deus e precisam ser expulsos, pois são intrusos e estão acomodados em um lugar que não lhes pertence.

O que acontece com as pessoas conformadas? Além de viver em um nível de infelicidade muito aquém do que Deus tem para elas, ainda vivem uma fé fraca, e se passarem por uma provação mais profunda, ficam sujeitas a cair e não se levantar, pois não estão acostumadas aos desafios de um viver de fé.

Se pensamentos negativos tentarem se instalar em sua mente, repreenda-os, subjugue-os e submeta-os a Deus. Destrua os pensamentos que não estão de acordo com a Palavra de Deus. Se decidir se relacionar de verdade com o Pai, você descobrirá quem é em Jesus e o que Ele representa para você. Quando decidimos caminhar dessa maneira, ninguém nos segura e chegamos aonde Deus quer que cheguemos. O que tem de vir à nossa memória não são pensamentos de derrota, mas é aquilo que nos traz esperança.

Ao fim daquele encontro de mulheres, pude ver rostos iluminados pela chama da esperança; corações antes entristecidos agora alegres com a presença de Deus; mentes oprimidas por pensamentos ruins sendo libertas, renovadas e transformadas pelo poder de Deus. Não há nada mais gratificante do que ver o Espírito de Deus descer sobre um lugar e realizar a maior de todas as maravilhas: a salvação.

O hotel mais caro do mundo

Nossa mente tem de ser tratada como o hotel mais caro do mundo, um "seis estrelas" no qual pensamentos maus não possam se hospedar nem permanecer nela. Nesse hotel não há espaço para hóspedes indignos ou indesejados. Temos de aprender a dizer aos pensamentos contrários: "Não, aqui você não vai se ficar!" É necessário sujeitar todos os pensamentos a Deus para que nossa mente seja livre. O que devemos fazer, então? Veja:

> Alegrem-se sempre no Senhor. Novamente direi: Alegrem-se! Seja a amabilidade de vocês conhecida por todos. Perto está o Senhor. Não andem ansiosos por coisa alguma, mas em tudo, pela oração e súplicas, e com ação de graças, apresentem seus pedidos a Deus. E a paz de Deus, que excede todo o entendimento, guardará o coração e a mente de vocês em Cristo Jesus. Finalmente, irmãos, tudo o que for verdadeiro, tudo o que for nobre, tudo o que for correto, tudo o que for puro, tudo o que for amável, tudo o que for de boa fama, se houver algo de excelente ou digno de louvor, pensem nessas coisas. Ponham em prática tudo o que vocês aprenderam.
>
> (Filipenses 4:4-9)

Precisamos expulsar os pensamentos intrusos da nossa mente e do nosso coração. Ao ser iniciada uma investida maligna nos nossos pensamentos, imediatamente temos de repreendê-la, pois se os pensamentos se fixarem, logo começaremos a declarar e sentenciar nossa derrota com nossos próprios lábios, porque as nossas palavras têm poder.

É preciso abrir os olhos, pois pensamentos contrários à verdade de Deus nos paralisam, engessam nossos sonhos e impedem que vivamos a plenitude do que Ele tem para nós. Os nossos pensamentos pode ser armas poderosas a nosso favor, mas também podem ser como algemas que nos prendem e nos impedem de receber a ação de Deus em nossa vida.

O melhor que Deus tem para nós é para hoje, para agora! Com a mente renovada, podemos entender os pensamentos de Deus a nosso respeito, o que Ele espera de nós. É Ele quem sabe o que é melhor para nossa vida, por isso, é fundamental ter a mente renovada para poder acompanhar os pensamentos dele a nosso respeito. Assim, vamos muito mais longe, vamos conquistar muito mais do que temos conquistado hoje.

UM DEUS CRIATIVO

"Aos 39 anos fui abandonada pelo meu marido e fiquei com a responsabilidade de cuidar sozinha de nossas duas filhas. Para piorar, aos 41 fui demitida, e a pensão que meu ex-marido dava não chegava nem mesmo a um salário mínimo para as duas crianças. Nessa idade, conseguir um emprego com carteira assinada novamente parecia quase impossível. Eu trabalhava na área de RH, mas minha formação era como professora. Comecei a entregar currículos em escolas, mas a falta de experiência em sala de aula diminuía minhas chances.

Resolvi, então, distribuir panfletos oferecendo o serviço de explicadora. Paralelamente, resolvi pôr em prática outro dom que Deus me deu: fazer bolos e doces para festas. Em pouco tempo surgiram os primeiros alunos e as primeiras festas. Eu ficava na cozinha, ouvindo o CD Caminho de milagres inteiro, e acreditava que aquele caminho que Deus estava me mostrando seria uma novidade de vida e prosperidade.

Hoje, dois anos depois, tenho uma turma fixa de manhã e outra à tarde como explicadora, e encomendas para festas quase todos os fins de semana. Minha renda hoje é quatro vezes maior do que no tempo em que eu trabalhava no departamento de RH, e a alegria e paz que tenho são incomparáveis, pois em minha casa posso ouvir todos os CDs que amo de Aline Barros e muitos louvores a Deus."

Renata Ferreira de Souza

Deus não nos criou como robôs, seres condicionados ou marionetes para o seu prazer. Somos feitos à sua imagem e semelhança, mas Ele nos fez singulares, com características próprias, com identidade para que realizemos projetos especiais, criativos e únicos. Deus nos renova, transforma, vivifica e capacita para que diariamente possamos crescer mais e mais e realizar até o que parecia impossível.

Só podemos ser transformados quando deixamos Deus agir em nossa vida e cuidar da nossa história. É a partir daí que todos os dons e habilidades que recebemos do Pai celestial passam a ser usados por Ele e para Ele. Essa é a condição em que Deus começa a agir e gera em nós excelentes ideias, pensamentos elevados e criativos, atitudes abençoadoras e transformadoras, livramentos e milagres.

Eu creio em um povo cheio do poder de Deus e altamente criativo, que gerará ideias para trazer mudanças para a nossa sociedade e para o nosso país — pessoas cheias do Espírito de Deus que serão excelentes como José, que foi usado pelo Senhor para salvar milhares da fome. A presença de Deus era tão grande na vida de José que em tudo o Senhor o fazia prosperar, e todos notavam isso. Porque José não se conformou com as circunstâncias difíceis pelas quais passou, não se conformou com o pecado nem com coisa alguma errada, o Senhor o abençoou o tempo inteiro, em tudo o que ele punha as mãos, e o fez prosperar e abençoar muitas pessoas.

A nossa vida e a daqueles que estão ao nosso redor serão transformadas pela renovação da nossa mente, pelo nosso não conformismo e por atitudes de um coração que sempre busca se renovar e aprender com Deus. Vamos permitir que Ele transforme nossa mente a aja em nossa vida, dando-nos uma mente excelente, brilhante, criativa e renovada em sua Palavra, a Bíblia, diariamente. Vamos acabar com o conformismo, com a mera religiosidade fria e ritualista. Vamos nos livrar de todo peso, de todo fardo e engano que nos desviam do foco, que é ter os pensamentos de Cristo.

Você verá que o Pai celestial lhe dará novas estratégias, ideias criativas e sabedoria em todas as situações. Ele abrirá portas, dará livramentos e você chegará muito mais longe. O seu milagre acontecerá, você receberá a cura, a restauração do seu casamento ou de sua vida profissional. Você receberá o melhor de Deus e todas as suas necessidades serão supridas.

Conheça o que Deus pensa a seu respeito por meio da Bíblia, que é viva e eficaz. Conheça os projetos dele e viva intensamente com Ele todos os dias. Posicione-se e decida limpar sua mente, renovando-a de acordo com a verdade de Deus. Deixe seus sonhos e suas ideias fluírem. Permita que o Pai celestial use seus talentos para ajudar a transformar o mundo. Faça sempre o seu melhor em tudo, como se fosse diretamente para o próprio Deus.

Tudo o que fizerem, façam de todo o coração, como para o Senhor, e não para os homens, sabendo que receberão do Senhor a recompensa da herança. É a Cristo, o Senhor, que vocês estão servindo.

(Colossenses 3:23-24)

Vivificados

Ser vivificado é se tornar ativo, animado, renovado a cada dia. Podemos observar a falta de vivificação no dia a dia, por exemplo, em pessoas que trabalham há anos em uma mesma empresa. Umas se tornam desanimadas com o tempo, perdem a vitalidade e trabalham com má vontade, mas outras conseguem se manter ativas, animadas e criativas, não conformadas com a mesmice, sempre prontas a aprender e a inovar. Para estas não existe rotina, pois transformam cada dia em uma nova oportunidade, e por isso se destacam.

A rotina é uma praga! Deus nos criou para sermos criativos e provarmos constantemente de uma renovação em nossa mente. Isso é maravilhoso! Fomos criados para ser produtivos, mas muitos se conformam com um viver sem inovação e crescimento. São tacanhos e não querem mudar a maneira de ser. São fechados para tudo e todos, e não conseguem visualizar que as coisas podem mudar em sua vida.

Para uma pessoa assim, as mudanças são impossíveis de acontecer, porque seu coração duro não permite que a Palavra de Deus e suas promessas entrem nele e a fé faça brotar a esperança e a certeza de que tudo vai mudar. Ela abre o coração apenas parcialmente, para que nele entre apenas o que lhe é conveniente e condiz com seus pensamentos mesquinhos e sua incredulidade. Não permite que Deus vasculhe a alma para acender luzes de milagres e transformações. "Até aqui, Deus pode ter acesso, mas a partir deste ponto, quem tem o controle sou eu", pensam. Deus não age pela metade. Ele quer nos transformar por completo.

Quando buscamos a renovação da mente, nossa vida é vivificada e Deus começa a agir em todas as áreas. Somos, então, levados a outro nível porque o propósito do nosso Pai celestial é a excelência. Seja transformado em Cristo Jesus, renovado pelo poder de Deus, uma pessoa que fará diferença neste mundo por ter uma mente blindada na Bíblia, alguém que ninguém consegue deter porque não aloja pensamentos contrários.

Este é o tempo. Não podemos perder sequer um minuto. Temos de avançar, ser renovados para transformar este mundo, levando-o a se submeter aos valores de Deus, e impactar esta geração com um estilo de vida que mostre que Jesus é o Senhor dos senhores, é Ele que nos move, que direciona o nossa vontade e aquilo que realizamos. Vamos nos doar, trabalhar com excelência, dar testemunho de uma mente inconformada com a mesmice e a mediocridade porque vê Deus agir.

Pensamentos de alegria

"Há exatamente quinze anos, tive uma infecção generalizada e tão agressiva que a pediatra não quis me internar porque achava que no hospital o quadro evoluiria para uma infecção hospitalar e, segundo ela, eu não resistiria. Essa infecção generalizada começou com uma pneumonia que passou despercebida, nem a pediatra reparou, mas quando a doença se mostrou, chegou a me causar convulsão e parada respiratória. O tratamento foi doloroso, antibiótico de última geração na veia, o mesmo que era usado para tratar meningite na época.

A partir daquele momento, as 72 horas seguintes seriam definitivas em minha vida. Estavam todos em oração, pois minha família é toda evangélica. Eu tinha ganhado da minha mãe o primeiro CD infantil da Aline Barros, Arca de Noé. Eu não me lembro, mas minha mãe me conta que eu ficava como um semimorto deitado, sem cor e sem vida, mas todas as vezes que ela colocava o CD, principalmente a música que dizia que 'o canguru pulava e a hiena se acabava em gargalhada', eu pulava da cama, meu rosto ficava corado, eu dava as mãos aos meus pais e à minha irmã para fazermos uma roda e começávamos a cantar, dançar e rodar, como se nada estivesse acontecendo. Em vez de chorar, minha mãe ria muito naqueles momentos, e na parte da hiena ela dava a maior gargalhada! Aquilo animava todo mundo e nos alegrava.

Então minha mãe passou a colocar o CD de hora em hora, o ânimo de Deus desceu sobre mim e a cura me alcançou. Minha recuperação aconteceu em tempo impressionante, pois em uma semana eu não só já estava bom, como todas as taxas sanguíneas, que estavam terríveis antes, ficaram excelentes. Hoje tenho 18 anos, agradeço a Deus pela cura, pela família maravilhosa que tenho e por aquele 'simples' CD, que foi como uma injeção de força, vigor, vivificação, alegria e unção sobre a minha vida."

Enrico Jantorno do Nascimento

Nos momentos de luta e de dor, não é fácil manter pensamentos de alegria. Mas é justamente em tais situações que temos de renovar as forças e lembrar as promessas de Deus, louvá-lo, cantar, orar e falar bem alto que em Jesus Cristo há salvação, milagres e vivificação.

Deus quer renovar nossos pensamentos e quer nos fazer o bem. Ele tem planos maravilhosos a nosso respeito e se alegra com nossa alegria. O Pai celestial sempre quer o melhor para nós, a começar pela nossa salvação. Sabemos que no mundo teremos aflições, mas, ao caminharmos com aquele que venceu o mundo, temos a bênção da alegria, que supera qualquer momento de deserto ou tentação. Trazer à memória as coisas que nos dão esperança, os momentos alegres e, principalmente, aquilo que Jesus fez de bom em nossa vida leva a algo divino: a alegria é derramada sobre nós, independentemente das circunstâncias ao redor.

Vamos nos lembrar de quem éramos para entender que hoje, de fato, somos livres. Até as pessoas que nascem em berço cristão tiveram um momento de mudança, de entrega e conversão. É muito importante trazer à memória aquilo que lembra coisas boas, gera esperança e ajuda a sair da tristeza e do sofrimento e a se libertar das mágoas do passado. Declare, então: "Vou crer em Deus e confiar nele. Vou avançar. Sou livre. Sou completamente livre, pois Jesus me deu essa liberdade! Ele encheu minha boca de riso e minha língua de cantos de alegria. Estou alegre porque Ele fez grande grandes por mim e fará coisas maiores ainda. Vou colher com alegria aquilo que plantei com lágrimas."

Há duas classes de pessoas: as conformadas e as transformadas. Às vezes, estamos conformados com determinada situação, com a maneira como vivemos, com pensamentos pequenos. Quando agimos assim, ficamos presos na zona de conforto, ao medo, à depressão, a sentimentos de inferioridade, a todos esses cativeiros. E nos acostumamos com isso, vivendo dessa forma.

Eu quero ser do time que busca algo fresco de Deus todos os dias, que sonda aquilo que tem feito, vasculha o coração e os pensamentos para sujeitá-los ao Pai celestial e aprender a pensar como Ele pensa. Eu quero viver como quem entende que sou filha de Deus, livre, transformada dia após dia. Vamos caminhar em novidade de vida.

Temos de compreender a grandeza do plano de Deus. Quem somos como filhos do Todo-Poderoso. Por sermos reis e sacerdotes e cartas abertas de Cristo, essa condição espiritual mostrará a diferença que Cristo faz em nossa vida e irá nos levar a posições neste mundo natural também.

Somos influenciadores, e nossa postura e nosso testemunho têm de ser de filhos do Deus vivo a fim de que pessoas sejam atraídas, queiram estar perto de nós e se aconselhar conosco. Assim, poderemos ser luz neste mundo, influenciando positivamente. Teremos uma resposta sábia vinda de Deus porque andamos com Ele e lhe entregamos diariamente o viver para que sejamos renovados e transformados.

Somos livres, temos o óleo do Espírito sobre nós e a Palavra viva em nossa boca porque um dia fomos crucificados com Cristo, e já não somos nós que vivemos, mas Cristo vive em nós, e a vida que vivemos é pela fé nele, que nos amou e se entregou por nós.

A graça em ação

"Conheci meu marido quando ainda estávamos na faculdade, em 1996. Em 2002 nos casamos e em 2005 nasceu nossa filha, Manuela. Éramos pessoas religiosas, participávamos de diversas atividades religiosas, mas não tínhamos paz. Brigávamos muito, principalmente porque meu marido trabalhava demais e nunca tirava férias. Então, sem sabedoria, em nossas brigas eu dizia que era melhor nos separarmos, o que de fato aconteceu em 2011. Eu não estava preparada para aquilo. Depois que me separei, percebi como meu marido era bom companheiro dentro de casa, participativo e bom pai, mas já era tarde. Minha falta de sabedoria havia me tornado cega, e eu mesma joguei meu marido para os braços de outra.

Fiquei em profunda depressão, e logo surgiram também os problemas financeiros. Uma amiga insistia comigo para que eu fosse a uma igreja evangélica com ela e, depois de três recusas, eu fui e logo me converti a Jesus e me batizei. A partir de então, Deus sempre falava comigo em sua Palavra. Nos momentos mais difíceis quando eu precisava tomar uma decisão, Ele sempre me dava a resposta claramente na Bíblia.

O divórcio inevitável aconteceu. No final do ano de 2012, para minha surpresa, meu ex-marido me ligou, pedindo que eu deixasse nossa filha romper o ano-novo com ele e sua nova mulher, e ainda disse que estaria de férias! Aquilo me fez sofrer mais ainda, pois jamais consegui que ele tirasse férias. Sofri muito, chorei, mas Deus me consolou e eu deixei minha filha ir. Por volta de 2 horas da madrugada, a mulher que estava com ele me ligou dizendo que ele havia saído bêbado com minha filha desde meia-noite e que ela não sabia onde estavam. Eu só fiz clamar a Deus e pedir que os guardasse. Depois de muito insistir, consegui falar com minha filha, que me acalmou e disse que o pai a levaria de volta pela manhã. Poucos dias depois, meu ex-marido me ligou e disse que queria conversar comigo. Conversamos, choramos muito, pedimos perdão um ao outro e decidimos *reatar o casamento. Meu marido se converteu, batizou-se e nós nos casamos novamente.*

Sabe onde Aline Barros entra em toda essa história? Ao longo de exatos dois anos de sofrimento, culpa, solidão, arrependimento, tristeza, dor e frustração, eu ouvia todos os dias a música Ressuscita-me *durante o percurso de 25 quilômetros de volta para casa após o trabalho. Todos os dias eu ouvia essa música, chorava, clamava a Deus pelo meu milagre, que veio quando ninguém mais poderia imaginar que aconteceria. Esse é o nosso Deus, que nos perdoa, nos dá a segunda chance, livra-nos do pecado, da culpa e de todo o mal, restaura e vivifica."*

Anônima

6

Graça que fortalece

Guarda a minha saída
Guarda a minha entrada
Ele é minha sombra
Mão direita que não falha
Durante o dia o sol não pode me ferir
Com Ele à noite eu posso até sorrir

Não estamos imunes aos problemas da vida, mas quem tem fé em Deus supera o momento difícil, sai ainda mais fortalecido da situação e com intimidade mais profunda com Ele. Assim, quando enfrenta nova tribulação, por ter mais comunhão com o Pai celestial, a pessoa tem no coração fé, esperança e discernimento e se sente fortalecida e capacitada nele para superar o novo problema.

O próprio Jesus disse que teríamos aflições, mas nos deixou duas certezas: temos paz nele, mesmo em meio a tantas tribulações, e, assim como Ele venceu as adversidades do mundo, nós também venceremos.

A aventura da fé é exatamente esta: passar por todos os desafios naquele que nos fortalece, crendo que Ele está acima de tudo, e a vitória é garantida. Para vencer, basta estar nele, e isso significa praticar seus princípios. Os problemas, as afrontas e as dificuldades surgem, mas somos de Deus, a quem Ele libertou, salvou, perdoou e deu o seu poder para vencer todas as coisas.

É o próprio Deus quem nos conduz, anima e livra nas dificuldades para que obtenhamos vitória e demos testemunho ao mundo sobre o seu poder. Mesmo que ao redor o mundo pareça ruir por completo, para os que confiam em Deus não há razão para temer as más notícias, pois seu coração está seguro e firme nas promessas do Pai celestial. Não deixe que notícias ruins o calem.

Quando há crise é que ressaltamos a luz de Jesus. Quanto mais dificuldade, mais o Senhor nos visita. Não deixe que os problemas apaguem a luz de Jesus em seu olhar. Busque ainda mais a presença de Deus na adversidade e honre-o com sua fé. Não aplauda a escuridão nem enalteça os problemas. Prenda-se às orientações e às promessas de Deus para sua vida, permaneça firme na fé e confie nele. Se você olhar para a luz de Cristo, as trevas não vão suportar, fugirão, e o impossível acontecerá. Qualquer problema que venhamos a enfrentar nunca será duradouro. Eles têm prazo de validade. Mas o amor e o poder de Deus são para sempre em nossa vida. Deus nos renova a cada dia. É para isso que devemos olhar atentamente.

Aprendi a viver contente

Qualquer problema é um "não" que a vida nos dá. Seja em qualquer área, em maior ou menor intensidade, o fato é que a tribulação nos impede de realizar algo em nossa vida ou na vida de alguém que amamos muito, atrapalha a realização de sonhos e atrasa a concretização de objetivos. Entretanto, isso não pode roubar nossa alegria. Devemos estar constantemente alegres em Deus, a razão de nossa alegria. Deus nos convida a nos alegrarmos sempre nele.

Desde pequenos, aprendemos a ouvir muito "não" na vida. "Não" dos pais, de professores, de colegas, do patrão, e por aí vai. Quando nos tornamos pais, aprendemos que dizer "não" é um processo natural e que, às vezes, é para o bem dos nossos filhos. Ao longo da vida, também recebemos muitos "não" ou "espere" da parte do próprio Deus, mas isso é para o nosso bem, pois há um tempo certo para que cada coisa aconteça. Enquanto esperamos, amadurecemos. Além disso, nossa fé, perseverança, esperança e fidelidade são provadas e aumentadas.

Quando Deus responde "não" para algo que desejávamos muito, é como se fosse "sim" porque sua resposta negativa a um pedido que nos prejudicaria ou afastaria dele, com certeza, é melhor do que um "sim". Há pessoas que se distanciam de Deus quando começam a prosperar. Por isso, bênção sem o Deus da bênção se torna maldição. Não vivemos pela bênção, mas pelo abençoador.

Há um processo divino em todas as coisas, em todo tempo, a nosso favor. Nem sempre enxergamos isso, mas confie em Deus. Ele sabe o que faz. Deus vê a situação por todos os ângulos possíveis. Ele vai além das aparências das coisas. Ele conhece como ninguém a realidade última de todas as coisas que nos cercam, e nos conhece intimamente, mais do que podemos nos conhecer. Só o Pai celestial sabe o que tem preparado para nós. Tudo o que Ele nos tem reservado é muito maior do que pedimos ou pensamos.

Um "não" da parte de Deus é sempre por amor, porque Ele tem outro projeto para nossa vida. Com certeza, depois de passar experiências incríveis com Deus, de receber muitos "sim" e "não" dele, o apóstolo Paulo aprendeu a não viver mais ansioso por coisa alguma; ao contrário, ele aprendeu a nutrir em sua mente pensamentos corretos e a estar contente em qualquer situação. Ele conta o segredo de agir dessa forma:

> Pois aprendi a adaptar-me a toda e qualquer circunstância. Sei o que é passar necessidade e sei o que é ter fartura. Aprendi o segredo de viver contente em toda e qualquer situação, seja bem alimentado, seja com fome, tendo muito, ou passando necessidade. Tudo posso naquele que me fortalece.
>
> (Filipenses 4:11-13)

O resultado de confiar em Deus em todos os momentos é desfrutar de sua paz inigualável, a qual guarda o coração e a mente em Cristo, e a certeza de que podemos suportar e ultrapassar todas as coisas naquele que nos fortalece. Paulo não mudava seus pensamentos, suas atitudes e seu relacionamento com o Pai celestial de acordo com as circunstâncias, pois sua vida era inteiramente dedicada a Deus. A razão de viver de Paulo era cumprir sua missão dada por Deus neste mundo e anunciar a mensagem de salvação em Cristo Jesus.

Esse é o equilíbrio que eu e você precisamos ter: aprender a viver em um nível de alegria na salvação e contentamento independente de estarmos vivenciando um momento de abundância ou escassez. Se dinheiro por si trouxesse felicidade, muitos milionários não teriam depressão ou se suicidariam. A nossa esperança e força têm de ser como a de Paulo — em Deus, nosso amado Pai, crendo firmemente que podemos ultrapassar qualquer situação boa ou ruim, favorável ou desfavorável, pois em tudo Ele nos fortalece. Nossa maior riqueza é a presença dele em todo tempo, por isso permaneça fiel em qualquer circunstância. No devido tempo e de acordo com os propósitos dele, as promessas de Deus se cumprirão em sua vida.

Graça que ensina a esperar

A graça de Cristo nos ensina também a esperar em Deus, a receber "não" e permanecer na fé e esperança de que o melhor dele chegará a nós. A graça se manifesta tanto no "sim" quanto no "não", de acordo com o propósito e o tempo dele. Deus jamais contraria sua própria vontade. Portanto, se Ele nos prometeu algo, no tempo certo irá se cumprir. Se, no entanto, o que desejamos não é o melhor para nós ou não está de acordo com sua Palavra, Ele nos guiará e mostrará o caminho para que alcancemos os propósitos do alto e sejamos felizes e realizados.

A graça nos dá sabedoria para agir em todos os momentos, perseverança e certeza de que não estamos firmados em terreno arenoso, mas na Rocha eterna, que é Jesus.

Nossa casa não está construída na areia, num terreno frágil e perigoso, mas na Rocha inabalável. Por isso, podem vir chuvas de perseguição, transbordar rios de adversidades, soprar ventos de lutas, mas nossa vida não será derrubada, e com a mão forte de Deus seremos salvos e desfrutaremos do melhor da terra. Assim, não se deixe abater diante de respostas negativas. Você é um filho de Deus. Louve-o. Proclame a grandeza, as perfeições, a justiça e a fidelidade do seu Deus.

Se ficar firme na Palavra, você será humilde e terá paz e sabedoria para ver com clareza todas as coisas. Então, logo uma porta se abrirá, um novo horizonte surgirá e você verá seu milagre acontecer. Deixe a murmuração, a amargura e o passado para trás. Não fique remoendo coisas nem repassando na mente o que alimenta mágoas e rancores.

Na crucificação, aparentemente, Jesus estava sofrendo a maior derrota. Ele foi humilhado e maltratado pelos religiosos da época, mas aos olhos de Deus aquele momento foi a maior conquista, a concretização do plano divino para a salvação da humanidade. Mesmo que você não entenda de imediato o propósito de Deus, continue firme na vontade dele, permaneça crendo no que Ele diz, pois, por meio dessa atitude de fé em Jesus, a vitória chegará. As lutas, os problemas e as adversidades são uma preparação para a vitória.

Se alguém lhe disse "não", se uma porta que você tanto queria que se abrisse fechou-se ou se não lhe deram o devido valor, dê glórias a Deus e declare pela fé: "Eu creio que o Senhor tem algo melhor e maior. Obrigada, Pai." Chame à existência aquilo que você ainda não vê, mas, pela fé, logo se concretizará. Esse é o caminho de quem vive pela fé em Jesus: obediência à Palavra de Deus, humildade e submissão em todo tempo. A aventura da fé é exatamente essa: passar por todos os desafios naquele que nos fortalece, crendo que Ele está acima de tudo, e que a vitória já está garantida.

Uma arma poderosa

"Em 2009, fui diagnosticada com endometriose no grau 4. Como eu só tinha 19 anos, nenhum médico de meu plano de saúde quis assumir o caso. Fui me tratar no Hospital Universitário Pedro Ernesto, no Rio de Janeiro, onde uma equipe especializada assumiu meu caso. Depois de alguns exames, eles me disseram que a situação era gravíssima, pois o sangue acumulado havia causado aderência dos órgãos e gerado três nódulos no intestino. Eles me informaram também que eu teria de sofrer uma cirurgia delicada multidisciplinar, e que eu não poderia ter filhos.

Apesar de abalada, comecei uma campanha de oração, e sempre louvava a Deus e declarava minha cura, em nome de Jesus. Fiz um voto ao Senhor de que, se Ele me curasse, eu daria meu testemunho aonde quer que eu fosse. Participei de um evento em que Deus me falou por meio da música Deus do impossível *que eu seria curada. Logo depois, repeti os exames de rotina e, para espanto de toda a equipe médica que estava me acompanhando, eu não só havia sido curada da endometriose, como também meus órgãos estavam preservados e livres e os tumores haviam desaparecido.*

Hoje, cumpro meu compromisso de testemunhar do Deus do impossível, de milagres e de poder, que ouve a oração do aflito. Sempre falei para minha mãe que, um dia, poderia contar meu testemunho para a própria Aline Barros, e esse milagre também se cumpriu! Sei

> *que ainda haverá mais uma parte do meu milagre, ser mãe, que acontecerá no tempo de Deus, quando for sua vontade."*
>
> Anônima

Que testemunho lindo! Uma das principais armas para combater o mal e superar qualquer crise é a fé em Jesus, que vem pelo conhecimento da Palavra de Deus. Mas há também outra ferramenta que o Senhor nos deu para que nos mantenhamos firmes em todos os momentos, a oração. Para estar "antenado" com os céus, viver com coragem e em vitória nos dias de hoje é preciso perseverar na fé, louvar a Deus e orar, confiando que Jesus intercede por nós junto ao Pai, pois é nosso sumo sacerdote. Ele conhece as nossas necessidades. Sabe que somos fracos e sujeitos às tentações. Ele sabe que não é fácil cumprir a vontade do Pai celestial, pois passou por isso aqui na terra. Sendo assim, podemos nos achegar a Ele com plena confiança, sabendo que receberemos da parte dele misericórdia e graça nos momentos de maior necessidade.

Fomos criados para ter comunhão com Deus. Adão se encontrava com o Senhor todas as tardes e, como bons amigos, eles conversavam. Orar é conversar com o Pai, é agradecer-lhe por tudo e pedir-lhe o que você considera necessário para a sua vida. Orar é naturalmente falar com Deus sobre todas as coisas, as decisões a serem tomadas, as alegrias ou tristezas, os sonhos, os planejamentos, os temores e os desafios. É colocar tudo diante dele em qualquer lugar ou tempo. Orar é pedir por sua vida, pela dos que você ama e também dos que o perseguem. É clamar pela igreja, pelo país e pelo mundo.

Jesus nos deu vários exemplos de oração, e até nos momentos finais de sua vida Ele orava e falava com o Pai. A oração tem uma característica importante: ela envolve a fé em Deus e a comunhão com Ele. Não existem motivos, assuntos específicos ou lugares especiais para orar. Tudo e em todo tempo deve ser conversado com Deus. Quando se sentir solitário, com medo, em dúvida ou necessitado de algo, ore. Se estiver feliz, grato e cheio de planos, ore também. Seja em um momento de grande luta ou de alegria, ore. Para pedir ou agradecer, ore. Para adorar ou clamar, ore. Devemos dar graças a Deus sempre e em todas as circunstâncias. Essa é a vontade dele para nossa vida.

Não há regras, posições, lugares e horários certos ou especiais para orar. Você pode estar no ônibus e conversar com Deus. Pode também perder o sono de madrugada e orar por algum motivo especial. Você pode orar em voz alta ou em pensamento. Pode orar de pé, sentado ou deitado, como quiser; sozinho ou acompanhado por alguém. O importante é que Jesus nos garente a sua presença nesses momentos em que clamamos por Ele.

A oração move o coração de Deus. Ele já sabe do que precisamos, mas se agrada em ter comunhão e conversar conosco, e se alegra ao ver nosso coração simples e obediente ao lhe entregarmos tudo em oração. Devemos orar em todo tempo uns pelos outros, aprendendo a contornar as situações adversas em vez de nos acomodar às situações de adversidade. Dou glória a Deus porque ainda contamos com o Espírito Santo intercedendo por nós em nossos momentos de fraqueza e de incertezas.

Nunca deixe de orar, não há desculpas de falta de tempo e lugar "adequado", pois nossa mente é totalmente livre onde quer que estejamos. Escolha orar sem cessar, e as portas do céu se abrirão sobre sua vida. Deus nos ouve em nossa angústia. Ele não desprezará jamais os nossos pedidos por socorro. Seus ouvidos estão atentos ao nosso clamar dia e noite.

> *A oração move o coração de Deus. Ele já sabe do que precisamos, mas se agrada em ter comunhão e conversar conosco, e se alegra ao ver nosso coração simples e obediente ao lhe entregarmos tudo em oração.*

Veja, agora, alguns exemplos bíblicos lindos de resultado de oração.

Vamos começar com o exemplo de Ana, mulher de Elcana. Ela tinha uma grande tristeza em seu coração: não conseguia engravidar. Uma vez por ano, a família ia da cidade de Siló, onde morava, ao templo em Jerusalém, para adorar a Deus. Naquelas ocasiões, Ana sempre se derramava mais ainda diante da presença do Pai celestial e lhe suplicava um milagre.

Certa vez, quando chegou a época de irem ao templo em Jerusalém, Ana estava muito triste e angustiada. Ela queria muito ter um filho. Por isso, ela orou e fez um voto a Deus: se isso acontecesse, ela consagraria esse filho a Deus. Ana orava e chorava tanto naquele instante diante do Pai celestial, que o sacerdote Eli até pensou que ela estivesse bêbada. Sabe o que aconteceu? O milagre de Ana chegou! No ano seguinte, ela voltou ao templo com um lindo menino no colo, Samuel, que veio a ser um dos maiores profetas de Israel.

Ana não orou só para pedir. Depois de alcançar a vitória, ela orou para agradecer, e a Bíblia registra uma das orações de gratidão e consagração mais lindas que existe. Quando alcançar sua vitória, não se esqueça de quem a concedeu a você. Agradeça ao Pai e dedique tudo em sua vida a Ele.

Outro exemplo muito interessante é o do apóstolo Pedro. Depois da morte, ressurreição e subida de Jesus ao céu, os apóstolos começaram a pregar o evangelho, mas Herodes, o governador dos judeus, perseguia, prendia e até matava os seguidores de Jesus. Pedro então foi preso a fim de ser julgado; esperava-se que ele fosse condenado e morto. A situação era bem grave. Diante disso, os outros seguidores de Jesus começaram a orar por ele e o milagre aconteceu: Deus enviou um anjo até a prisão e este soltou Pedro das algemas que o prendiam, e o guiou por entre os soldados sem ser notado. Um milagre realmente espantoso e fruto da oração de muitos a favor de um companheiro de fé.

Vemos então que Deus ouve orações individuais e coletivas. O que fazer então nos momentos de crise e dificuldade? Orar e confiar em Deus. Nos momentos difíceis da vida, caminhe com Jesus em oração, confie nele e, quando você olhar, já estará fora dos "portões" daquilo que o prendia. Vá caminhando, orando e confiando, e quando você menos esperar, estará livre do problema. Depois que passamos pelas dificuldades, saímos fortalecidos, amadurecidos e muito mais confiantes em Deus.

Sobre as águas das adversidades

Há uma história muito interessante na Bíblia: Jesus havia passado o dia ensinando a uma multidão e feito o milagre da multiplicação dos pães e dos peixes para alimentar a todos. No fim da tarde, Ele mandou que os discípulos fossem para o barco, enquanto Ele ia orar pela multidão, curar e abençoar aqueles que haviam passado o dia ali com Ele. O fim da tarde chegou, e Jesus, sozinho, foi ainda orar em um monte.

Ao anoitecer, por causa dos ventos e das ondas fortes, o barco se distanciou um pouco da margem onde estava Jesus, que ficou orando até de madrugada. Então, quando já era alta madrugada, Jesus se dirigiu ao barco andando sobre o mar. Você pode imaginar o medo que os discípulos sentiram quando viram na escuridão aquela sombra se aproximando sobre as águas? Ficaram aterrorizados pensando que Ele era um fantasma e gritaram de medo.

Mas Jesus não veio ao mundo para gerar medo, ao contrário, veio para dar paz. Então, para acalmá-los, Ele se identificou prontamente e pediu para que não tivessem medo. Pedro, sempre o mais impulsivo dos discípulos, pediu para ir ao encontro dele caminhando sobre as águas. Jesus então o convidou a realizar esse grande feito. Jesus estava demonstrando que seus discípulos também poderiam realizar os milagres que Ele mesmo estava realizando. De fato, Ele disse que se tivermos fé realizaremos os mesmos milagres que Ele realizou, e outros ainda maiores.

A impulsividade de Pedro o fez sair do barco e andar também sobre as águas na direção de Jesus, só que não basta impulsividade para obter a vitória. É preciso ter plena fé até o fim em Deus. Pedro deu os primeiros passos indo ao encontro de Jesus, mas, de repente, parou, olhou ao redor, começou a reparar no vento forte e foi dominado pelo medo. O que aconteceu? Começou a afundar e a gritar por socorro. Jesus então lhe estendeu a mão e o tirou das águas. Depois disso, o mar se acalmou e todos os discípulos ali presentes adoram o Filho de Deus.

Quando Pedro ouviu Jesus dizer "venha", a primeira coisa que teve de vencer foi o medo. Assim também acontece conosco. Diante de grandes tempestades e ventos fortes, ficamos temerosos, mas é em tais momentos que temos de decidir obedecer e fazer o que Deus nos manda realizar. Quando estamos em meio a um vendaval de problemas na vida, se pararmos para olhar ao redor e nos prendermos às circunstâncias, certamente afundaremos. Se, no entanto, continuarmos a olhar para Jesus e cumprirmos sua vontade, alcançaremos a vitória.

Pedro também teve de vencer sua razão, que lhe dizia: "Você acha que vai conseguir andar sobre o mar?" Ele conseguiu porque confiou que Jesus estava à sua frente e porque decidiu obedecer à voz dele. Muitas vezes ficamos temerosos quando estamos diante de um desafio ou em luta com a razão quando Deus nos dá certas ordens. Temos de obedecer, ainda que pareça uma loucura.

Vivamos cheios de confiança e esperança, crendo em Deus para que vençamos os ventos contrários. Mesmo que pareça uma loucura, eu vou obedecer, porque nisso estará a minha vitória. Vamos andar por cima das dificuldades, ter uma vida de quem anda pela fé e põe em prática a vontade de Deus:

> Pois Deus não nos deu espírito de covardia, mas de poder, de amor e de equilíbrio. Portanto, não se envergonhe de testemunhar do Senhor.
>
> (2Timóteo 1:7-8)

INDEPENDENTEMENTE DE VENTOS

"Quando eu tinha 9 anos, minha mãe sofria de depressão. Um dia, eu estava ouvindo a música Sonda-me *e corri para chamar minha mãe para ouvi-la também. A partir daquele momento, Deus começou a agir no coração dela, que mudou completamente, pois começou a ir à igreja e a buscar ao Senhor. Hoje tenho 18 anos, minha família vive debaixo da graça extraordinária do Pai. Temos alegria, paz e confiança total de que, com fé em Deus, ele é capaz de resolver qualquer problema. Louvar ao Senhor faz meu viver ser abençoado e edificado e me ajuda a ficar firme na fé e a prosseguir confiante de que o Pai sempre quer o nosso bem."*

Kleber Fernandes

Muitos profissionais da área médica consideram a depressão o mal do século. Seja qual for a enfermidade ou o problema, no entanto, o importante é perceber que a oposição não significa necessariamente destruição de vida. Repare que o barco onde estavam os discípulos foi açoitado pelo vento e o mar se tornou tumultuado. No entanto, assim que Jesus entrou nele, tudo se acalmou e os discípulos foram salvos. Os maiores milagres narrados na Bíblia aconteceram justamente em momentos difíceis, de desertos ou tempestades. Não precisamos que os ventos estejam a nosso favor para que a bênção e o livramento de Deus nos alcancem, pois a nossa confiança não está no vento. O que precisamos é que Jesus esteja em nosso barco.

Dependemos de Deus. Se Ele está conosco, essa é a melhor companhia do mundo. Deus não precisa mudar os ventos para que sejamos mais que vencedores. Aquele vento não foi causa de destruição, pelo contrário, Pedro andou sobre as águas justamente no momento em que as coisas estavam desfavoráveis, havia ventos fortes, mas olhando para Cristo ele superou todas as coisas.

Essa é a única "fórmula" que funciona: viver olhando para Jesus e andando de acordo com a Bíblia. Deus tem uma bênção especial para cada momento, uma nova solução para cada situação de nossa vida. Ele é vivo e traz sempre uma palavra por meio da Bíblia. O que funciona é você confiar em Deus a cada instante, é seguir o que a Bíblia diz a cada nova situação adversa que surja.

Não podemos desejar estar livres das adversidades para bater no peito e dizer que Deus nos ajudou ou preservou. É um engano sonhar viver sem problemas para dizermos, orgulhosos: "Deus tem estado comigo, tem me ajudado e me livrado de qualquer situação difícil." Ele permite que passemos por adversidades para que cresçamos, vençamos os problemas pelo poder da graça, aumentemos nossa comunhão com o Pai e possamos dar testemunho do quão maravilhoso e poderoso Ele é.

Quem vive pela fé rompe as adversidades e as vence em Cristo. Deus nos dá a vitória em meio ao problema e à adversidade. Os milagres vão nos alcançar em meio às dificuldades se permanecermos firmes na fé e obedecermos ao que Deus diz na Bíblia. Quem é de Deus não deve temer atravessar o mar em meio à tempestade porque sabe que vai atravessá-lo com Ele e vai vê-lo agir. Deus vai nos fazer romper os ventos contrários, superar a tempestade e vencer as dificuldades. As bênçãos vão nos alcançar se crermos e formos fiéis às Escrituras. Vamos ver Deus entrar na situação, misturar-se, ficar conosco em meio à tempestade e aos ventos contrários e agir em nosso favor.

Pedro foi andando sobre as águas tumultuadas para ficar com Jesus, ele andou por cima da adversidade, da tempestade, superou tudo pela fé e obediência à voz de Jesus. Esse é o tipo de pessoa que Deus espera que sejamos, um povo cheio de fé, que não teme os inimigos, não teme atravessar o mar, os ventos e as tempestades. Não dependemos de ventos a favor ou contra, dependemos do Senhor, e o que importa é estarmos com Ele para podermos andar sobre as águas da adversidade e vencermos os desafios. O que sustenta nossa vida é estarmos firmes em Cristo.

Enquanto olhava para Jesus, Pedro conseguia andar sobre as águas, mas, quando olhou para os problemas, o medo tomou conta do seu coração e ele começou a afundar. Dependendo de como olhamos as circunstâncias adversas e das atitudes que tomamos em relação a elas, podemos "subir" ou "descer". Se dermos ouvidos à voz de Jesus dizendo "venha", caminharemos sobre as dificuldades, mas afundaremos se olharmos para os ventos contrários e o mar sob nossos pés. Se olharmos para os ventos vamos afundar, mas se mantivermos os olhos fixos na Palavra de Deus chegaremos ao destino seguro e à vitória.

Nossas atitudes serão sempre de acordo com o ângulo ou o lugar para onde decidirmos olhar, e haverá sempre reflexos e frutos dessas decisões. Se você já experimentou essas duas situações, a de caminhar vitorioso sobre um momento de crise e a de afundar, não se entristeça ou abale, pois a nossa vida é constante aprendizado, e a mão do Senhor nos levanta e tira do fundo da situação, como aconteceu com Pedro.

Eu decido viver confiante, cheia de coragem, fé e esperança no meu coração. É isso que Deus espera de nós — que andemos pela fé, e não segundo a lógica humana, para que vençamos as tribulações pelas promessas de sua Palavra. Vamos andar por cima das dificuldades, ter uma vida de fé, coragem e prática da Palavra para que as pessoas vejam o tamanho do nosso Deus. Prossigamos olhando para frente segundo a orientação da Bíblia em cada situação. Não dependemos de ventos a favor ou contra, dependemos de Deus. Não importa se há ventos contrários ou se o mar da vida está bravo, porque com Cristo vamos andar sobre ele.

Diante de perseguições

Durante sua missão terrena Jesus, ele foi perseguido até à morte. Depois que Ele ressuscitou e foi para o céu, os apóstolos e demais cristãos também enfrentaram as mesmas lutas que o Mestre enfrentou. Mesmo nos dias de hoje, muitos cristãos são perseguidos por sua fé em Jesus.

Será que estamos dispostos a seguir Jesus a qualquer preço? Nos tempos dos apóstolos, eles orientavam e preparavam o povo para isso, mas sabiam que, assim como Jesus foi fiel até a morte, eles também seriam premiados por Deus por serem fiéis.

Jesus foi perseguido não só pelos religiosos da época, mas por alguém bem próximo, Judas, um dos discípulos. Se isso aconteceu a Jesus, não podemos esperar que vivamos isentos a essa possibilidade de traição. O diabo usa os relacionamentos para nos entristecer e tentar nos desviar do caminho de Deus. Jesus foi traído, morreu, mas ressuscitou, sendo elevado a uma nova posição. Se resistirmos às perseguições com fé, paciência, sabedoria, mansidão e oração, acontecerá conosco o mesmo que ocorreu a Jesus: seremos elevados a uma nova posição espiritual.

A perseguição leva ao amadurecimento e à comunhão com Deus porque os ataques nos fazem buscar mais o nosso refúgio e fortaleza e nos aproximam dele. Quanto mais o inimigo tenta criar empecilhos, mais os que são de Deus se santificam e se fortalecem por meio da leitura da Bíblia, porque sabem que o choro pode durar uma noite, mas de manhã irrompe a alegria.

A Bíblia nos diz para amar os inimigos e orar pelos que nos perseguem. Você tem feito isso em casa, no trabalho, na vizinhança ou em qualquer outro lugar onde esteja? Tem orado pelos que o perseguem, perdoado e amado os que não gostam de você? Em vez de ficar reclamando de alguém que há em seu caminho, ore por ele. Precisamos ter visão espiritual, parar de enxergar com olhos naturais e começar a agir como pessoas maduras na fé, obedencendo em tudo ao que a Bíblia diz.

> *A perseguição leva ao amadurecimento e à comunhão com Deus porque os ataques nos fazem buscar mais o nosso refúgio e fortaleza e nos aproximam dele.*

A graça extraordinária de Jesus nos fortalece para superar qualquer perseguição em todos os níveis e em qualquer lugar. Fique firme, não negue Jesus com suas atitudes. Persevere, ame, perdoe, ore constantemente, traga sempre à memória aquilo que lhe dá esperança, e a vitória logo chegará.

> Ninguém conseguirá resistir a você todos os dias da sua vida. [...] nunca o deixarei, nunca o abandonarei. [...] Seja forte e corajoso! Não se

apavore, nem desanime, pois o SENHOR, o seu Deus, estará com você por onde você andar.

(Josué 1:5,9)

FAÇA SUA OPÇÃO

"Há alguns anos, eu me envolvi com drogas e logo me viciei em cocaína e outras drogas pesadas. A vida de minha família se tornou um inferno, porque eu roubava tudo de casa para manter meu vício. Meus amigos eram todos traficantes. Quando o efeito da droga saía, eu ficava deprimido. Tentei me matar várias vezes, mas, graças a Deus, Ele não me deixou morrer sem conhecer Jesus. Naquela época eu só via dois caminhos: ser preso ou morto. Um dia, ouvi a música Ressuscita-me, e foi como se Deus estivesse usando a Aline Barros para falar diretamente a mim. Eu deixei as drogas só com a ajuda de Deus, fui para a igreja, estudei e me formei. Hoje trabalho, tenho meu carro, uma vida digna, muita alegria e paz no coração. Minha razão de viver é ajudar viciados a saírem dessa vida, anunciando que só Jesus pode nos libertar e salvar."

Ricardo Segundo

A todo instante, sempre temos duas direções que podemos seguir. Podemos escolher entre o certo e o errado, entre a alegria e a tristeza, a obediência ou desobediência, a luta ou o conformismo. Meu apelo a você é: não se conforme com nada que seja contrário ao que a Bíblia ensina. Lute por sua felicidade e saúde, não se entregue aos problemas, firme-se na fé e comunhão com o Deus que criou todas as coisas.

Nada é impossível para Deus. Escolha o caminho da bondade e mansidão, opte por fazer o bem sempre e andar na presença dele. Decida ser fiel em todo tempo, firmar-se na verdade e resolver os problemas diretamente com Deus em oração. Escolha por ser cheio de otimismo, alegria, gratidão, fé e esperança.

Escolha viver contente e grato em qualquer situação. Olhe para Jesus, não se importe com os ventos contrários que surgem para amedrontá-lo. Confie que a mão dele o segurará e levantará, ainda que você se sinta sozinho no meio de um oceano de tribulações.

Não foque nas dificuldades, mas no Deus poderoso que livra seu povo e o leva à vitória. Concentre-se pela fé nas bênçãos que Deus já tem preparado para você, nos escapes que Ele lhe dará e nas portas e possibilidades que abrirá. Ele vai mostrar-lhe a saída para o seu problema. Em vez de se lamentar, comece a agradecer pela fé as bênçãos que o Senhor derramará sobre sua vida.

Jesus é nosso sustento, nossa força e proteção em tempos difíceis. Ele é a certeza de vitória. Ele nos acalma e traz a confiança de volta porque é a paz que excede todo entendimento, e nada nem ninguém pode nos roubar isso. Vamos nos regozijar nele, no Senhor que jamais nos abandona e é tudo para nós.

Se sentir medo ou se alguma preocupação tentar dominá-lo, busque a paz de Deus, deixe-se envolver e acalmar por ela, traga à memória as promessas dele e firme-se nelas. O objetivo do diabo é roubar, matar e destruir, mas o de Jesus é gerar vida em abundância. Satanás nos apresenta as circunstâncias ao redor para nos amedrontar, diz aos nossos ouvidos que somos incapazes e que nada vai dar certo. Mas Jesus nos diz que tudo podemos naquele que nos fortalece e que a vitória já é nossa.

Se crermos até o fim, Deus nos mostrará sua glória e nos dará a vitória. O seu futuro está seguro nas mãos do Senhor. Não tenha por base as circunstâncias ao redor nem aquilo que você está sentindo hoje, mas confie em Deus, que nunca falha e sempre é fiel:

> Saibam, portanto, que o SENHOR, o seu Deus, é Deus; ele é o Deus fiel, que mantém a aliança e a bondade por mil gerações daqueles que o amam e obedecem aos seus mandamentos.
>
> (Deuteronômio 7:9)

Creia que, seja qual for o problema que você esteja enfrentando, você será fortalecido, renovado, irá tornar-se uma pessoa mais madura e consagrada a Deus, que tem íntima comunhão com Ele e conhece plenamente a graça extraordinária de Cristo, que nos fortalece em todos os momentos.

A graça em ação

"Sou casada há quase dez anos, e desde o sétimo tentava engravidar. Para a medicina, ouvia que seria impossível, mas eu me agarrei à minha fé e esperança, orava incessantemente e cantava: 'Remove a minha pedra/ me chama pelo nome/ muda a minha história/ ressuscita os meus sonhos.' Deus agiu de sua maneira sobrenatural e nos presenteou com Davi, que hoje é nosso riso, nossa alegria, nosso milagre! O Senhor tem seu jeito de trabalhar, seu tempo de agir e sempre nos surpreende com o melhor. Hoje sou mãe, estou realizada e anuncio a todos: não há impossíveis para Deus."

Anônima

7

GRAÇA QUE REALIZA MILAGRES

Me conheces, sabes tudo o que eu preciso
Antes mesmo de falar
Me amas, teu amor é bem maior
Do que eu possa imaginar

A graça extraordinária de Deus se manifesta na bondade dele, que nos alcançou em Cristo. Fomos salvos, libertos, transformados, temos um Deus maravilhoso, seu Espírito que habita em nós e nos guia, e uma infinidade de promessas que nos garantem tudo a respeito dessa vida e da eternidade. Isso significa dizer que os milagres naturalmente nos acompanharão porque fazem parte dos planos de Deus para abençoar seus filhos. O que pode ser mais incrível do que isso? Somos coerdeiros com Cristo, participantes de seu banquete celestial repleto de bênçãos.

A graça garante muito mais do que possamos pedir ou imaginar porque tudo se realiza pelo poder de Deus a todos que confessam Jesus como o Salvador, o Filho de Deus que veio ao mundo para religar a humanidade ao Criador, e creem em suas promessas. O que você pode então esperar de Deus? Milagres, livramentos, conquistas, cuidados e muitas vitórias.

Deus não faz diferenciação entre pessoas, povos, raças nem qualquer outra distinção. Portanto, todo aquele que tem uma aliança com Cristo pode chegar com confiança diante do Pai celestial para lhe pedir tudo de que necessita e pode esperar nele, o único que pode realizar milagres. A graça extraordinária de Cristo é para todo aquele que deseja viver a aventura da fé, receber de Deus suas promessas, livramentos e milagres e conhecer mais e mais seus ensinamentos, obedecer-lhe por amor e vontade própria.

A bondade de Deus se manifesta pela graça, pois nos amou quando ainda vivíamos longe dele. Em Jesus somos justificados pela fé, perdoados, redimidos, chamados de amigos, e não mais de servos, transportados das trevas para o Reino do Filho, recebemos da sua plenitude, graça sobre graça, vida com Cristo e bênçãos sem limite. Isso significa que podemos nos aproximar do trono de Deus com toda a confiança, para recebermos misericórdia e encontrarmos graça que nos ajude em qualquer momento. O Pai é bondoso e perdoador, rico em graça para com todos os que o invocam.

Não abra mão dessa posição privilegiada. Exerça sua autoridade de filho de Deus, não deixe que o desânimo destrua sua fé, persevere em qualquer circunstância da vida, confiando que o Senhor o ama desde o ventre de sua mãe.

> Os teus olhos viram o meu embrião; todos os dias determinados para mim foram escritos no teu livro antes de qualquer deles existir.
>
> (Salmos 139:6)

A graça extraordinária de Cristo reserva o melhor deste mundo e do vindouro para todos os que amam a Deus e confiam nele.

No mundo espiritual

"No ano 2001, eu estava no hospital Cardoso Fontes, no Rio de Janeiro, para consulta de rotina de meu filho Lucas Rodrigues, na época com 4 anos. De repente, correndo como qualquer criança, ele caiu de uma rampa de aproximadamente 6 metros, bateu com a cabeça, teve convulsão e ficou em coma por quatro dias. Meu filho teve duas paradas cardíacas, respirava por aparelho de oxigênio, estava com três coágulos na cabeça e os médicos diziam que o cérebro dele havia 'morrido', que só o coração estava batendo. Eles também diziam que, caso ele acordasse, provavelmente não seria mais uma criança perfeita novamente, mas eu orava e cantava sem parar a música Consagração *como uma entrega da vida do meu filho e da minha também, pois eu estava afastada dos caminhos de Deus.*

Eu confiei que o Senhor faria o milagre de reviver meu filho, e depois de dezenove dias de internação, ele saiu do hospital já querendo brincar. Aliás, mal chegou a nossa casa, pegou a bicicleta e tivemos trabalho para que ele repousasse. De sequela, teve apenas a perda da audição de um ouvido, mas não ficou com retardamento e outras coisas que haviam falado.

Depois de tudo isso, comecei um processo de depressão, mas foi o que faltava para eu voltar de vez para a igreja. Em três dias de campanha de oração, fui completamente curada. Hoje vivo para me santificar e agradecer a Deus pela oportunidade que ele deu a mim e ao meu filho de revivermos em Cristo."

Sandra Rodrigues

No exato momento da morte de Jesus, o céu escureceu, o chão tremeu, mortos ressuscitaram, rompeu-se a separação que havia entre Deus e a humanidade e a História mudou a partir daquele instante. Jesus venceu a morte e ressuscitou ao terceiro dia. Jesus aniquilou os poderes das trevas para que vivamos plenamente em paz, alegria, com saúde, prósperos, sem culpa ou condenação. Somos salvos e abençoados em Cristo para vivermos em vitória. Você se sente fraco? Então diga: "Eu sou forte." Não temos de lutar contra o império das trevas nem contra coisa alguma com nossas forças humanas, mas com a armadura de Deus.

> Finalmente, fortaleçam-se no Senhor e no seu forte poder. [...] vistam toda a armadura de Deus, para que possam resistir no dia mau e permanecer inabaláveis, depois de terem feito tudo. Assim, mantenham-se firmes, cingindo-se com o cinto da verdade, vestindo a couraça da justiça e tendo os pés calçados com a prontidão do evangelho da paz. Além disso, usem o escudo da fé, com o qual vocês poderão apagar todas as setas inflamadas do Maligno. Usem o capacete da salvação e a espada do Espírito, que é a palavra de Deus. Orem no Espírito em todas as ocasiões, com toda oração e súplica; tendo isso em mente, estejam atentos e perseverem na oração por todos os santos.
>
> Efésios 6:10-18

Não é a nossa força que vence o mundo e faz o milagre chegar à nossa vida, mas a nossa fé no Filho de Deus. Se você ainda não recebeu Jesus como o seu único Salvador, faça isso agora mesmo. Ore, declarando que Ele é o Senhor e que você o quer em sua vida. Depois disso, prepare-se para a revolução que haverá em sua vida, e tudo o que estiver sujo se tornará limpo pelo poder de Deus, e você andará de cabeça erguida em um viver de milagres pela fé!

O Espírito Santo irá ensinar-lhe tudo sobre a nova aliança que temos com Deus em Cristo, e você viverá a aventura da fé, da provisão diária, do livramento, do amor do Pai e dos milagres na hora que você mais precisar. Leia a Bíblia diariamente, pois ela é a fonte para que você tome conhecimento de tudo o que lhe pertence em Jesus e aprenda a receber as bênçãos que já estão disponíveis por Deus para você. A Bíblia é um tesouro infinito.

A ressurreição de Jesus representou sua vitória sobre a morte e o inferno, dando vida eterna a todos que creem nele. Hoje, quem vive em Cristo também está ressuscitado com Ele e assentado em lugares celestiais, tendo o mesmo poder e autoridade para repreender as obras do mal e andar em vitória. O Filho de Deus veio ao mundo e se permitiu ser sacrificado como o Cordeiro imaculado na cruz para que tenhamos salvação, perdão dos pecados, libertação e vida muito abençoada.

Em Jesus temos a certeza da vitória neste mundo e salvação eterna no céu. A vitória de Jesus nos coroa com êxito neste mundo e na eternidade para que andemos pelas provisões e pelos milagres de Deus, testemunhando ao mundo o seu poder infinito. Você está entendendo a grandeza de viver com Jesus? Além de reconciliados com Deus, ainda vivemos em vitória nessa terra e futuramente no céu. Não aceite viver derrotado e infeliz. Você foi transportado do império das trevas para o reino do Filho, onde só há amor, paz, alegria, sabedoria, bênçãos, milagres e vitórias.

Aquele que não crê

Quando Jesus esteve em Nazaré, cidade em que havia sido criado, ele não pôde ali fazer muitos milagres, porque não o valorizaram nem o honraram. Jesus ficou admirado com a incredulidade deles. Aquelas pessoas menosprezaram Jesus porque só o viam como o filho de Maria e do carpinteiro José. Quem percebe a presença de Jesus e se deixa tocar por ela, tem o viver tranformado e o milagre acontece, mas quem o vê apenas como mais um profeta que passou por este mundo ou um homem bom demonstra não cer nele como o Salvador, o Filho de Deus, e por isso não recebe os milagres que Ele está pronto a realizar.

Muitas vezes, ouvimos e lemos os noticiários e nos deixamos contaminar pelas más notícias e predições para o futuro. O que provém do mundo nos frustra, engana e entristece, mas as verdades de Deus nos enchem de alegria, paz e esperança. O que os olhos veem e os ouvidos escutam não tem nada a ver com a fé e os impossíveis de Deus. Não tente usar a razão para entender como os milagres vão acontecer e como se cumprirá aquilo que Deus prometeu. Apenas olhe para o que a Bíblia diz e creia, pois isso é fé.

Nutra sua mente com o que Deus diz sobre você, alimente sua alma e espírito com a Palavra de Deus. Não absorva impossibilidades humanas, mas creia nos impossíveis que o Senhor realiza. Muitas vezes alimentamos nossa mente com palavras de derrota e incredulidade, tais como: "Você não vai conseguir, isso não vai acontecer nunca"; "Deus esqueceu de você", entre outras frases negativistas que nos atrapalham e impedem que vejamos tudo o que Deus já tem preparado para nós. Não aceite esses pensamentos e declare que tudo é possível ao que crê. Diga: "Eu sou o que Deus diz que sou!" Deus já chamou à existência tudo de que necessitamos, os milagres que esperamos, e eles logo se chegarão.

AQUELE QUE CRÊ

"Por longos anos, convivi com um distúrbio psicótico, era dependente de um medicamento controlado para me manter calma, mas mesmo com o remédio eu tinha delírios, alucinações e insônia (chegava a ficar mais de três dias sem dormir). Eu sentia uma tristeza e um vazio constantes e não conseguia fazer nada. Aos 19 anos, encontrei o homem da minha vida, casamos, temos um filho de dois anos e estamos firmes na igreja. Hoje estou liberta de todos os sentimentos ruins que me aprisionavam. Certo dia, ouvi em uma rádio a canção Casa do Pai, *senti uma unção especial e comecei a entender o quanto Deus me ama. A partir daquele dia, parei de viver triste e de pensar que eu merecia sofrer. O Espírito Santo tem me fortalecido dia após dia e mudado meus pensamentos. Que Deus continue a abençoar o*

ministério de Aline Barros, pois tem sido um instrumento nas mãos de Deus e abençoado muitos através dos louvores."

Lidiane Reis

Deus é fiel. Seus princípios não mudam. Ele é todo-poderoso e nada é impossível para Ele. Esses já são motivos suficientes para que nossas expectativas estejam nele. Não foi por acaso que Abraão tornou-se pai de uma grande nação. Ele creu, apesar de seu corpo e o de sua esposa, Sara, já estarem amortecidos pelo tempo. Mas ele não atentou para isso, pois vivia pela fé.

Muitas vezes tive de crer contra a esperança. Crer no que Deus havia prometido, no que eu ainda não via. Crer que Deus me daria uma família linda. Confiar nele para a cura das minhas cordas vocais. Ter fé a cada CD e DVD lançado para que atingissem o maior número possível de corações. Eu e você muitas vezes na vida já tivemos de crer naquilo que ainda não existia, e foram as promessas de Deus que nos mantiveram firmes na fé.

Ter um filho na idade em que Abraão e Sara tiveram era algo impossível, mas Deus chamou à existência na vida desse casal o que era impossível aos olhos humanos. Temos de viver com essa mesma fé e acordar todos os dias crendo que o nosso Deus vai fazer a nosso favor coisas impensáveis aos olhos humanos:

> Assim, fixamos os olhos, não naquilo que se vê, mas no que não se vê, pois o que se vê é transitório, mas o que não se vê é eterno.
>
> (2Coríntios 4:18)

Será que existe algo para acontecer em sua vida que não se realizou ainda porque você não se vê conquistando tal coisa? Se esse é o seu caso, creia que tudo aquilo que ainda não aconteceu de bom e milagroso em sua vida irá acontecer. Você ainda não vê, mas creia e veja pelos olhos da fé.

Não vemos a eletricidade, mas sabemos que ela está ali, conduzida por fios. Então, nessa certeza (mesmo que não vejamos a eletricidade), quando ligamos um aparelho elétrico na tomada, ele funciona, ou quando acendemos um interruptor de luz, a lâmpada acende. Outro exemplo: não vemos o fim do ano, mas sabemos que ele chegará (se Jesus não voltar antes). Creia que Deus já está chamando à existência o que hoje ainda não existe em sua vida, mas em breve vai existir.

Para marcar aquele momento de promessa, Deus mudou o nome de Abrão para Abraão, que significa "pai de multidões". Ele ainda não era o pai de uma grande nação, mas o Senhor mudou o seu nome antes mesmo que a promessa se cumprisse a fim de que Abraão já se visse como tal. A Bíblia vai levar você a visualizar o que jamais imaginou que pudesse acontecer em sua vida. Deus mesmo vai plantar uma semente em seu coração, uma visão em sua mente para que idealize grandes coisas e se veja recebendo a promessa antes mesmo que ela se concretize.

Deus não mudou o nosso nome, mas mudou nossa condição, tornando-nos seus filhos, e nosso destino, levando-nos para o seu Reino. Você é filho de Deus e deve usufruir do melhor nesta terra. Desperte para valores que estavam escondidos e princípios de fé esquecidos. Vamos ver grandes coisas acontecerem nesses dias.

Abraão creu contra a esperança. Não era sua vontade ser pai aos 100 anos, mas essa foi a vontade de Deus, que chamou milagrosamente à existência aquilo que humanamente seria impossível. Pode até parecer que não vai se concretizar o milagre ou que está demorando para se realizar, mas as promessas do Senhor para a sua vida nunca serão sepultadas. Entenda: aquilo que ainda não vemos no mundo natural já existe no espiritual.

A Bíblia diz que, apesar da idade de Abraão, ele ainda assim não duvidou nem foi incrédulo em relação à promessa de Deus, mas foi fortalecido em sua fé e deu glória a Deus, estando plenamente convencido de que Ele era poderoso para cumprir o que havia prometido. Qual é, então, a forma de se fortalecer na fé? Dar glória a Deus antes mesmo que a promessa se cumpra! Celebre a sua vitória.

Deixe a vergonha e o temor, e você verá se cumprir tudo aquilo que a Bíblia lhe garante. Somos a verdade de Deus neste mundo, cartas abertas de Cristo, lidas e conhecidas por todos, e não a mentira.

Seu futuro e destino estão garantidos por Deus, que chama à existência as coisas que não existem, os impossíveis, os milagres, o ilógico e irracional que só pode ser compreendido pelo coração de quem crê. O que os homens têm dito que "é impossível", o Pai está falando: "Eu farei!" Vai começar algo extraordinário em sua vida a partir de agora, para a glória de Deus.

Melhores promessas

Os que viveram antes de Jesus vir ao mundo não tinha o Espírito Santo habitando no coração. A base para a vida espiritual era a lei de Moisés, a palavra dos profetas e a orientação dos líderes de Israel. Mas isso não foi o suficiente para religar o ser humano ao Pai porque era necessário que o Filho do próprio Deus viesse ao mundo, sofresse e morresse por nossos pecados como o Cordeiro santo. Essa é a nova aliança que temos com Deus, a qual é muito melhor em promessas porque tem o poder e a autoridade de Cristo nela. A graça e o amor de Deus se manifestaram e Cristo, o Filho de Deus mandado ao mundo para salvar a humanidade perdida.

A certeza da salvação eterna, o Espírito Santo habitando em nosso coração, o perdão dos pecados, a justificação em Cristo e o poder e a autoridade sobre o mal são algumas das bênçãos da nova aliança que temos em Cristo, a qual é superior em promessas.

Temos a Palavra de Deus gravada diretamente em nossa mente e em nosso coração para que possamos usá-la diariamente como arma contra o mal e fonte de fé para que conheçamos e declaremos as promessas do nosso Pai, que cumprirá seus milagres em nossa vida. Deus nos prometeu muitas bênçãos na nova aliança em Cristo, maiores ainda do que as que já existiam na aliança com Abraão e seus descendentes, as quais dizem respeito também a nós em Jesus.

O tempo da graça traz vida, perdão, transformação, paz, alegria, milagres e bênçãos sem limite porque é superior em promessas e nos faz reinar em vida.

O tempo da graça traz vida e bênçãos sem limite porque é superior em promessas e nos faz reinar em vida. Temos Deus como nosso Pai, que provê todas as coisas. Ele é nossa Rocha e Fortaleza. Se você já recebeu Jesus como seu Senhor e Salvador, incontáveis promessas o aguardam. Leia a Bíblia e peça orientação ao Espírito Santo para que fale ao seu coração e receba tudo aquilo que lhe pertence como coerdeiro com Cristo. Creia nele e os milagres acompanharão sua vida.

Uma anônima de fé

Houve uma mulher que ficou marcada na Bíblia por sua fé admirável. Não sabemos seu nome, mas conhecemos sua história de coragem e plena confiança em Jesus.

Ela era muito doente, tanto que durante doze anos gastou uma fortuna com médicos e tratamentos, mas que não a curaram de uma hemorragia constante. Não sei se você sabe, mas para os judeus quem sofria de qualquer doença hemorrágica era considerado impuro e devia ficar separado.

Aquela mulher era uma solitária, fraca fisicamente, mas tinha muita fé no Filho de Deus. Muitas pessoas hoje também são atingidas por tragédias que lhes causam muita dor na alma ou no corpo, e isso é muito triste. No entanto, o que fará a diferença será a fé e a mente que tiverem, pois se ficarem firmes no Senhor, serão consoladas e terão o viver transformado.

A mulher do fluxo de sangue não se escondeu numa caverna e ficou ali até morrer. A primeira coisa que percebemos nela, então, é que ouviu sobre a fama de Jesus, prestou atenção, não viveu alienada e isso a salvou. Você tem dado ouvidos à Bíblia, tem prestado atenção ao que ela lhe promete, tem lhe obedecido em tudo? A saída é sempre ouvir a Palavra de Deus, pois é por ela que recebemos fé para que nossa vida seja liberta e transformada.

Outra lição importante que aprendemos é que aquela mulher alimentou sua mente com pensamentos compatíveis com sua fé. Ela pensava que se tocasse no manto de Jesus, seria curada. Você está vendo a diferença quando nossa mente é renovada pela Palavra de Deus? Não se engane, nossa mente também foi atingida pelo pecado em Adão, tornou-se deficiente, alvo do diabo e sujeita a negativismos. O que você tem dito para você mesmo em sua mente e o que tem declarado com sua boca?

Você declara a Palavra de Deus ou murmura, reclama e é incrédulo? Alimente sua mente com a fé, nutra-a com pensamentos de libertação, cura, saúde, prosperidade e vitória sobre qualquer situação e, consequentemente, suas palavras e atitudes mudarão e os milagres surgirão. Aquilo que você pensar será o que declarará. A mulher do fluxo de sangue pensou e agiu corretamente.

Aquela mulher não se conformou com a doença nem ficou parada diante da informação sobre a fama de Jesus. Ela ouviu, alimentou pensamentos de fé e agiu, procurando Jesus. Não adianta só ficar com a fé na cabeça. É preciso agir compativelmente, declarar as promessas de Deus, recebê-las no coração e, pela fé, chamar à existência aquilo que ainda não se vê.

Pessoas que nutrem a mente com os pensamentos corretos e falam as palavras certas no momento certo estão transformando o mundo. A mulher do fluxo de sangue não deu um esbarrão em Jesus. Ela agiu de acordo com seus pensamentos pela fé, desafiou a sociedade preconceituosa que a condenava ao isolamento por causa de sua doença, aproximou-se de Jesus e tocou a orla de seu manto. Ela foi por trás de Jesus, quase rastejando, e tocou a bainha da túnica de Cristo porque sabia que isso seria o suficiente para se curar.

O medo e o conformismo engessam algumas pessoas, que se acovardam, ficam pensando no que não deveriam pensar e deixem de agir. Vença o medo e seus preconceitos e ouse tocar no manto de Jesus! Como vai acontecer o seu milagre é com Deus. Faça a sua parte.

Por meio de uma vida liberta das amarras e dos preconceitos, de uma mente cheia de fé e de uma boca que declara a Palavra de Deus você alcançará um futuro de paz, alegria e sucesso. Somos coerdeiros com Cristo, filhos de Deus, reis e sacerdotes para andar em vitória pela fé nele.

Visão e foco

"Nasci pobre e fui criado em uma comunidade do Rio de Janeiro. Minha realidade ao redor era tráfico, tiros e crueldade. Minha mente era distorcida porque eu cresci sem saber o que era certo e errado. Mas eu não queria ser como aqueles garotos mais velhos quando eu crescesse. Então, com 10 anos, comecei a frequentar uma comunidade cristã perto da minha casa, e pela primeira vez na vida comecei ouvir sobre o que era certo e errado, e qual era o plano de Deus para a vida das pessoas.

Na igreja, eu gostava muito do momento de louvor na escola bíblica, e sempre cantávamos músicas dos CDs infantis de Aline Barros. Minha mente começou a absorver a Palavra de Deus, fui me tornando um aluno melhor e mais estudioso na escola e comecei a sonhar que um dia poderia exercer uma profissão digna e dar exemplo a outras crianças. Em 2008 prestei vestibular para o curso de Teatro na Universidade do Rio de Janeiro, e hoje, em parceria com projetos públicos e privados, trabalho com teatro infantil e contação de história em comunidades carentes, escolas e centros municipais, onde sempre procuro destacar simbolicamente a figura de um Deus de amor e transformador. Jesus mudou minha mente, minha forma de ver o mundo e me deu razão para viver."

Roberto Carlos da Silva

Uma pessoa sem visão não exerce influência em sua vida nem na dos outros. Temos de esperar o agir de Deus, viver pela fé e contar com seus milagres para aquilo que o ser humano não pode fazer. Mas não fique parado, esperando tudo "cair do céu" sem esforço, disciplina e dedicação. Deus nos fez à sua imagem e semelhança, cheios de visão, inteligentes e criativos para estudar, trabalhar e realizar grandes coisas. Aquilo que está além de nossas forças, o Senhor vem com seu poder e realiza o milagre, mas aquilo que nos compete fazer Ele espera que façamos.

Muitas pessoas são acomodadas e completamente sem visão natural e espiritual para ver onde precisa haver o esforço humano para alcançar os objetivos e onde tem de haver fé para crer nos milagres que só Deus pode realizar. O sentido natural de ver faz você enxergar o presente, mas a visão espiritual faz olhar para o futuro e ver coisas notáveis e grandiosas que você pode realizar com seu esforço e inteligência.

Não podemos ter apenas a aptidão natural da visão, que leva a pessoa a olhar somente o imediato, as circunstâncias e os problemas. O dom espiritual da visão faz você enxergar além e impede a tristeza, faz você acreditar nas bênçãos e promessas do Senhor para realizar e esperar nele quando houver algo impossível. Quem tem visão não fica imobilizado por um problema, ao contrário, vê lá na frente e enxerga soluções.

O nosso Deus é de visão, pois idealizou o Universo e a Terra, tudo o que ia criar e chamar à existência por meio de suas palavras. Pense em tudo o que Ele criou. Por isso, é tão importante entender o poder da visão, pois ela nos faz ver com o olhar do Senhor, chama à existência o que ainda é apenas um sonho e torna desapontamentos e transtornos suportáveis. A visão de Deus gera em nós fé, esperança, perseverança, coragem e paciência em meio à dificuldade, tira-nos do comodismo e nos leva a agir rumo às vitórias que queremos alcançar.

> *(A visão) nos faz ver com o olhar do Senhor, chama à existência o que ainda é apenas um sonho e torna desapontamentos e transtornos suportáveis.*

A visão é o combustível para que não desanimemos nem nos frustremos. Ela nos motiva e impulsiona, nos faz ver lá na frente, com fé e paz no coração, que a vitória já está garantida. Por terem esse tipo de visão, algumas pessoas marcaram sua geração, criaram e realizaram coisas espetaculares. Tudo o que já foi inventado até hoje passou por idealização e busca de um objetivo a ser atingido. Um dia, alguém pensou em gerar conforto e segurança para os pés e inventou a primeira sandália; outro imaginou criar um objeto confortável para que o ser humano se sentasse e, então, criou a cadeira; o batom para embelezar os lábios das mulheres, os utensílios, a roda, os carros, são tantas coisas criadas pelo homem, e todas elas, além de serem maravilhosas, vêm sendo aperfeiçoadas.

Todos os criadores têm algo em comum: visão, ideal, foco e motivação, e nada os faz parar. Essa é a forma para conseguirmos realizar o que um dia idealizamos. O mundo hoje precisa de pessoas que tenham visão para contribuir, pessoas que ajudem a diminuir o caos no mundo, a decadência moral, violência e injustiça. Hoje, as pessoas vivem com medo, sem esperança, cheias de traumas, desiludidas, desesperadas e desanimadas. Precisamos ver além, influenciar, ajudar as pessoas a acreditar em um futuro melhor.

Existem basicamente três grupos de pessoas no mundo. O primeiro é composto por aqueles que têm visão, mas não sabem o que fazer com ela, estão confusos, não sabem por onde começar nem qual é a direção certa. O segundo grupo é composto pelos que abandonaram a visão. Um dia, sonharam em formar uma empresa, ter sucesso profissional ou fazer algo notável, mas diante das dificuldades desistiram e se tornaram frustrados, desiludidos e amargurados. Mas hoje eu quero dizer que você nasceu para alcançar algo significativo e fazer a diferença neste mundo. Quando Deus o criou, Ele sabia que você era capaz de suportar os problemas e vencer os desafios e as tentações. Ele já providenciou as ferramentas e provisões para que você realize obras notáveis. Você nasceu para realizar coisas, influenciar e ajudar a mudar a história de outras pessoas que estão completamente sem visão.

Esse é o terceiro grupo: os que perderam a visão da vida e não têm mais vontade de viver. Você que é uma pessoa cheia do Espírito Santo pode ajudar esse grupo a se levantar e voltar a sonhar com um futuro melhor, porque esse é o futuro preparado por Deus para todos os que o amam. Vamos nos manter motivados e motivar outros a fazer coisas novas, a transformar, produzir e sair da rotina. É assim que temos de conduzir nossa história, pois não havendo visão o povo morre.

Somos pessoas criativas e com visão. Mesmo que hoje sua vida pareça estar presa a uma rotina, você tem o mesmo olhar de um Deus criador que um dia criou todas as coisas. Você é à imagem e semelhança dele. Ressuscite hoje sua comunhão com Deus e com as pessoas, seus sonhos, seus planos e suas ideias criativas. Creia que o Senhor pode realizar um milagre e fazer você reconquistar o que um dia foi perdido ou esquecido.

Se você caminhou, mas perdeu a visão no meio de sua trajetória, o Senhor vai restituir. Ele pode realizar qualquer coisa, fazendo você caminhar de novo cheio de visão, alegria e vitalidade. Não deixe de sonhar, pense que você ainda vai realizar grandes coisas, continue crendo e buscando em Deus forças e orientação, e Ele irá conduzi-lo e capacitá-lo. Escolha o caminho da alegria e fé, em vez de ficar reclamando e se lamentando pelo que gostaria que tivesse acontecido no passado. Você tem um futuro.

Entenda uma coisa: o seu futuro não está à sua frente — ele está dentro de você, onde tudo começa. Quando perceber isso, você vai voltar a alimentar seus sonhos. Deus já o dotou com uma capacidade e sabedoria naturais para influenciar sua família, seus amigos e todas as pessoas com as quais você mantiver contato neste mundo.

Não deixe que as decepções e tristezas pelas quais tenha passado matem seus sonhos. Não perca o foco do seu futuro em Deus. Jesus dependia do Pai e, por isso, tudo o que este planejou para Jesus se concretizou. Caminhe na direção da visão que um dia o Senhor colocou em seu coração, não se deixe desanimar, não olhe as circunstâncias, lute para mudá-las, amplie sua visão. Por seu testemunho de perseverança e vitória, outros serão reanimados e contagiados a também crer em Deus e em si mesmos e a manter o foco e a visão. Creia no Deus que o capacita, inspira e realiza os milagres quando o impossível surge.

A graça em ação

"Fui criada na igreja evangélica, mas por volta dos 13 anos me afastei porque comecei a desejar as coisas do mundo, as baladas, os namoros e tudo mais. Em 2010, quando eu estava com 22 anos, algo que jamais poderia imaginar aconteceu: foi diagnosticado um carcinoma na tireoide. Um dia, amargurada, achando que ia morrer logo, peguei um CD qualquer da minha mãe, fui ouvir, e logo a voz de Aline Barros entrou em meu coração dizendo como se fosse a minha oração a Deus: 'Remove a minha pedra, me chama pelo nome, muda a minha história, ressuscita os meus sonhos.' Desabei de chorar, pedi perdão a Deus e disse que aquela música seria a minha 'trilha sonora' ao longo do tratamento.

Voltei para a igreja e, um dia, Deus falou ao meu coração que eu ainda ia louvá-lo com aquela música ali na igreja. Pensei: 'Como?', se eu tinha 98% de chance de perder a voz, porque o carcinoma estava grande. Mas confiei. Em 2011, no dia da cirurgia, ouvi mais uma vez minha música e fui para o centro cirúrgico. Depois que tudo acabou, o médico chamou minha mãe, que é uma mulher de muita fé, e disse: 'Em nossa primeira consulta, você disse que Deus faria um milagre. Não sei que Deus você segue, mas um milagre aconteceu. O tumor estava totalmente calcificado, formando uma camada de cálcio ao redor dele, e não se enraizou. Sua filha não vai sequer precisar fazer quimioterapia.'

Fiz apenas radioterapia e, hoje, louvo a Deus na igreja com a música Ressuscita-me e com muitas outras porque minha voz ficou intacta. Jesus restaurou minha saúde, deu-me vida e transformou completamente meu viver. Hoje não tenho desejo nenhum de ir para o mundo, a não ser para evangelizar!"

Mayara Almeida

8

Graça que produz comunhão

Somos hoje os adoradores
Geração dos que se levantam
A igreja é a voz que clama pelo Rei Jesus

Como vimos no capítulo 3, Davi tinha zelo e amor pela casa de Deus e queria construir um templo lindo para adoração. Só que essa missão estava designada para seu filho, Salomão, que mais tarde fez o templo mais rico que já existiu no mundo. Davi sabia que na casa de Deus muitas maravilhas acontecem, e o Senhor surpreende seu povo com sua glória e seu poder. Por isso escreveu:

> Uma coisa pedi ao Senhor; é o que procuro: que eu possa viver na casa do Senhor todos os dias da minha vida, para contemplar a bondade do Senhor e buscar sua orientação no seu templo. Pois no dia da adversidade ele me guardará protegido em sua habitação; no seu tabernáculo me esconderá e me porá em segurança sobre um rochedo.
>
> (Salmos 27:4-5)

Davi entendeu que, se habitasse na casa de Deus, se valorizasse a casa de Deus, viveria sempre seguro e encontraria libertação no dia da adversidade. Esse incrível rei de Israel também reconheceu outra grande verdade: que a casa de Deus é melhor para se estar. Ele preferia viver um dia só na casa de Deus a mil fora dela. Isso é admirável! Esse maravilhoso rei de Israel, portanto, ensina-nos a valorizar a casa de Deus e a honrar o Deus da casa.

A comunhão com Deus se manifesta também no desejo de ir à sua casa e de se relacionar com os irmãos da fé. Quanto mais temos comunhão com o Pai, mais desejamos nos envolver com sua igreja. É nela que crescemos, desenvolvemos nossos dons, recebemos uma missão especial de trabalhar nos interesses de Deus, nas estratégias e respostas dele para resolver problemas. É na casa de Deus também que oramos, louvamos ao Senhor e aprendemos a Palavra em grupo como irmãos da fé. Na igreja ideias novas surgem, somos curados, libertos, transformados e sentimos de modo especial a presença do nosso Pai celestial. A igreja é o lugar das melhores e mais atualizadas notícias, porque são aquelas que vêm do céu com unção e poder.

Instituição divina

"Não nasci em um lar evangélico. Aos 17 anos engravidei, e aos 19 casei com o pai da minha filha, que é meu marido até hoje, mas nossa vida era só de brigas porque tudo o que começa fora dos propósitos de Deus dá mais trabalho de corrigir. Um dia, eu estava assistindo a um programa de TV e vi Aline Barros cantando a música Sonda-me, e imediatamente senti algo apertar meu coração e comecei a chorar. Logo procurei uma igreja, onde fui batizada nas águas e aprendi sobre os princípios de Deus. Hoje, tenho o privilégio de servir ao Senhor como líder dos jovens e no ministério de louvor. Agradeço a Deus por ter me posto diante da televisão naquele dia que mudou completamente minha história e por ter a oportunidade de servir-lhe com meus dons na igreja e em todo lugar por onde vou."

Anônima

A felicidade dessa mulher é completa, pois além de ter encontrado o Senhor da alegria, ela lhe serve com a sua vida, usando seus dons na igreja. A casa de Deus sempre foi uma instituição divina. Mesmo antes de Cristo vir ao mundo, Deus ordenou que seu povo se reunisse e apresentasse suas ofertas a Ele no templo, além de designar as sinagogas como locais para aprender a Palavra. Deus instituiu a igreja como o lugar de crescimento e comunhão de seu povo.

Portanto, não podemos desvalorizar o convívio com os irmãos da fé nem a casa de Deus. É muito triste quando alguém diz: "Jesus, sim; igreja, não", pois demonstra desconhecer completamente o Senhor da igreja. Você entende agora a intensidade do poder que o Senhor deu à igreja? É maravilhoso! Não podemos deixar de participar dos cultos e das atividades da igreja, porque nela há força. Ela é a vontade de Deus e a união do Corpo de Cristo neste mundo. O que acontece na casa Deus não se explica.

Enquanto esteve aqui na Terra, Jesus nos deu exemplo de valorização da igreja. O que você está esperando para participar mais ativamente de sua igreja? Ela é uma bênção para sua vida e de sua família. Nela, você, seu cônjuge e seus filhos serão enriquecidos com a palavra, santificados, aprenderão valores e princípios valiosos da Bíblia e andarão unidos na fé.

Se você quer ter filhos abençoados, leve-os à casa de Deus. Os dias são maus e há muito mais facilidade para a juventude; há muito mais liberdade dentro e fora dos lares. Não permita que as mentiras deste mundo entrem no seu lar, mas ensine as verdades de Deus para seus filhos.

A Bíblia nos revela o poder que está sobre a igreja. Os olhos do nosso coração precisam ser abertos para vermos que as riquezas da gloriosa herança de Cristo e de seu incomparável poder estão designados também a nós, sua igreja. Deus pôs todas as coisas debaixo dos pés de Cristo e o colocou como cabeça da igreja, a qual é seu corpo neste mundo. O corpo serve para se movimentar. Somos guiados pela cabeça (Cristo), mas é o corpo que tem de andar, curar, ungir, restaurar e agir neste mundo.

Precisamos ter consciência de que é impossível crescer sozinhos. Assim como a criança precisa ir para a escola, a fim de aprender regras de sociabilização e conhecimentos intelectuais e para a vida, nosso potencial espiritual e nossos dons só são desenvolvidos na igreja. Vamos nos preparar para dar às pessoas o que elas precisam — que é a presença de Deus — e, no dia a dia, Ele será exaltado com nosso testemunho de vida.

Deus edifica um povo para realizar sua vontade e engrandecer o seu Reino. E onde isso ocorre? Na igreja. Quando estamos ligados a ela, aprendemos, crescemos, oramos, louvamos e entendemos a Bíblia juntos. Na casa de Deus vivenciamos a unidade e o amor que Jesus ensinou e ordenou.

As pessoas estão sedentas por uma palavra que lhes traga paz, esperança e vida, pois no mundo só há tristeza, mentira, traição, frustração e morte. Vamos dizer-lhes que na casa de Deus há alegria, paz e esperança, e que o nosso Deus é todo-poderoso, Criador de todas as coisas, e tem bênçãos sem fim para lhes dar. Ele quer realizar milagres na vida das pessoas. Somos nós, os filhos de Deus, que fomos chamados para cumprir essa missão.

A primeira igreja reunida

Depois que Jesus foi crucificado, os discípulos ficaram muito assustados e se esconderam juntos, com muito medo. Ali foi a primeira reunião como igreja depois da morte e ressurreição de Jesus. Quando Cristo ressuscitou, Ele começou a se revelar, aparecendo primeiro a algumas mulheres no túmulo e depois a uns discípulos que estavam a caminho de um povoado chamado Emaús. Enquanto caminhava com esses discípulos, explicou-lhes tudo a respeito das Escrituras. Ao cair da tarde, enquanto jantavam, Ele se revelou a eles e depois desapareceu. Então, eles foram ao encontro dos onze discípulos reunidos em Jerusalém contar-lhes tudo.

A igreja é revestida do poder do alto! Que poder é esse? O Espírito Santo, que foi derramado sobre os discípulos e todos os que se converteram a Jesus, pois essa era a promessa: Cristo subiria ao céu, mas enviaria o Consolador, que habitaria nos filhos de Deus e os guiaria em tudo.

A nossa identidade em Cristo só é completa quando estamos ligados a uma igreja, pois foi isso que Ele ensinou desde o princípio e, por isso, é o Cabeça da igreja. Primeiro, Jesus reuniu os doze discípulos, que, junto a Ele, anunciaram o Evangelho. Depois de sua ressurreição e subida ao céu, Jesus deu a todos nós uma missão: ir pelo mundo e pregar o Evangelho, ou seja, as boas notícias da salvação.

É lindo e emocionante ver como o Espírito de Deus ungia com poder aqueles primeiros cristãos para que o Evangelho fosse anunciado com a mesma glória do Pai, a mesma que Jesus demonstrou neste mundo. E isso jamais parou.

Hoje o Espírito Santo quer usar a igreja para testemunhar o poder de Deus e anunciar as boas-novas de salvação em Cristo e abençoar ilimitadamente todo aquele que recebe Jesus como Senhor e Salvador. É essa graça extraordinária que precisamos anunciar a todas as pessoas. Eu e você fomos escolhidos por Jesus. Então, vamos atender ao "ide" dele e ir em todo tempo, em todo lugar por onde passarmos, aproveitando todas as oportunidades. Vamos anunciar o Salvador!

O que há na igreja

Quando Jesus reencontrou os discípulos após sua ressurreição, deu-lhes paz, orientação e soprou sobre eles o Espírito Santo naquela casa especial onde estavam reunidos. Aquela foi a primeira igreja reunida. Tomé não estava lá, e por isso duvidou. Muitas pessoas não são assíduas na igreja, e por isso vão se tornando frias, incrédulas e perdem tantas bênçãos. Há sempre uma bênção especial para quem está na casa de Deus, porque nela recebemos Palavra, oração e unção como igreja de Cristo.

A terceira vez que apareceu aos discípulos, estes estavam pescando à margem do mar da Galileia. Eles passaram a noite toda ali, mas nada pescaram. Então, ao amanhecer, Jesus estava na praia, e lhes perguntou se tinham algo para comer, mas eles responderam que não. Jesus, então, disse-lhes que lançassem novamente as redes do lado direito do barco. Eles não haviam reconhecido Jesus, pois estavam a cerca de 100 metros de distância. Mesmo assim, sentiram no coração que se tratava do Mestre, obedeceram e mal conseguiram segurar as redes com tantos peixes. *A igreja reunida é lugar de derramamento de bênçãos.* Corra para a casa de Deus, pois nela você receberá uma palavra e unção especiais que mudarão sua vida.

Desde que Jesus foi recebido no céu com glória, seus seguidores voltaram para Jerusalém com grande alegria e permaneciam constantemente no templo, louvando a Deus. Eles não iam esporadicamente ao templo. Eles permaneciam *constantemente* nele. Isso mostra a intensidade e o tempo que dedicavam à casa de Deus.

Além disso, vemos que iam juntos ao templo. *A igreja é lugar de dedicar tempo a Deus em comunhão e união com os irmãos.* Esse é o lindo começo da Igreja cristã, que cresceu rapidamente conforme lemos no livro de Atos dos Apóstolos. Na igreja há paz, alegria, orientação, unção

> *Na igreja há paz, alegria, orientação, unção especial do Espírito Santo, restauração física, material, emocional e espiritual, bênçãos sem limite, capacitação e união entre o povo de Deus.*

especial do Espírito Santo, restauração física, material, emocional e espiritual, bênçãos sem limite, capacitação e união entre o povo de Deus. Não fique de fora dessas bênçãos. Valorize a casa de Deus.

O banquete da casa

A comunhão com Deus nos faz desejar sua casa e participar de seu banquete. Há um banquete do Senhor para os seus filhos amados. Imagine o que significa participar da mesa, do banquete inteiro, satisfazer-se com tudo, aproveitar de tudo até se fartar! É isso que Deus tem para nós dentro de sua casa. Valorize a igreja, porque nela há um banquete celestial esperando por você, suprimento e fartura. Quem tem comunhão com Deus não vai perder essa festa; ao contrário, vai se fartar de tudo aquilo que o Pai oferece, vai valorizar a casa, a família e o banquete de Deus.

Você tem necessidade em alguma área de sua vida? Corra para a casa de Deus, abra o coração, ore, entregue-lhe tudo, dê-lhe louvor, bendiga o seu santo nome, ouça a Palavra e decida colocá-la em prática. Adore ao Senhor, diga-lhe que está pronto a servir e ponha à sua disposição seus dons e talentos. Se seu coração for honesto e sincero diante do Pai celestial, Ele acrescentará à sua vida bênçãos que você jamais imaginou, e você poderá testemunhar às pessoas que, quando alguém ama a Deus e o busca de todo coração, Ele manda do céu bênçãos sem medida e guia o viver.

COMUNHÃO COM DEUS E OS IRMÃOS

"Sou casada há dez anos, mas há três passei por uma grande provação. Minha família estava toda na igreja, mas meu marido ficou decepcionado com algumas pessoas, enfraqueceu na fé e se afastou da casa de Deus. [...] Meu marido passou a andar com más companhias, a chegar de madrugada em casa e até a dormir fora. Pensei muitas vezes em me separar e desistir, mas Deus sempre falava ao meu coração que faria uma restauração e mudaria minha história.

Continuei orando muito, louvando ao Pai e me firmando cada vez mais em sua Palavra. Eu me derramava diante de Deus com as músicas Rendido estou *e* Sonda-me, *e me sentia coberta de paz e com a certeza de que a vitória chegaria. Apesar das lutas, era a comunhão* com o Pai que me dava força para lutar. Um dia, Deus me surpreendeu com o seu milagre: meu marido voltou para a igreja, arrependeu-se de tudo, pediu perdão a Deus e a mim, mudou completamente de vida e nossa família foi completamente restaurada. Hoje sou novamente feliz em meu casamento, porque Deus cumpre o que promete, restaura e dá vida!"

Anônima

A igreja é também sinal de intimidade com Deus e de comunhão com os irmãos. Nosso Deus é Senhor sobre todas as coisas, é perdoador e restaurador. Todo aquele que ama ao Senhor também ama sua casa e tudo que nela há, inclusive, as pessoas. A extraordinária graça de Cristo não nos deixa faltar coisa alguma — até mesmo uma família. Se você não teve uma boa referência familiar humana ou se não tem irmãos de sangue, na igreja, você tem vários irmãos na fé. Fomos chamados por Deus para viver em comunhão com Ele e com os irmãos em sua casa.

Não é coerente alguém dizer que ama a Deus, se despreza o irmão: "Se alguém afirmar: 'Eu amo a Deus', mas odiar seu irmão, é mentiroso, pois quem não ama seu irmão, a quem vê, não pode amar a Deus, a quem não vê. Ele nos deu este mandamento: Quem ama a Deus, ame também seu irmão" (1João 4:20-21). Que passagem maravilhosa! Se você não vai à igreja porque não gosta de alguém, se não concorda com líderes ou vive criticando e invejando os irmãos, o amor de Deus não está ainda aperfeiçoado em sua vida. Ter comunhão com Deus é também ter comunhão com a igreja local e os irmãos da fé. O amor de Deus não pode ser aperfeiçoado na vida de pessoas que usam seus lábios para criticar, murmurar e falar mal de outros.

> Amados, amemos uns aos outros, pois o amor procede de Deus. [...] se amarmos uns aos outros, Deus permanece em nós, e o seu amor está aperfeiçoado em nós.
>
> (1João 4:7,12)

A igreja é lugar de amor e união. Por isso, não permita que sentimentos como ciúme, inveja, cobiça e orgulho criem raízes em seu coração.

Dediquem-se uns aos outros com amor fraternal. Prefiram dar honra aos outros mais do que a si próprios. [...] Compartilhem o que vocês têm com os santos em suas necessidades. Pratiquem a hospitalidade. [...] Não sejam orgulhosos, mas estejam dispostos a associar-se a pessoas de posição inferior. [...] Façam todo o possível para viver em paz com todos. Amados, nunca procurem vingar-se, mas deixem com Deus a ira, pois está escrito: "Minha é a vingança; eu retribuirei", diz o Senhor. [...] Não se deixem vencer pelo mal, mas vençam o mal com o bem.

(Romanos 12:10-21)

O mandamento deixado por Cristo é um só e simples, e é o maior testemunho que podemos dar às pessoas:

Um novo mandamento lhes dou: Amem-se uns aos outros. Como eu os amei, vocês devem amar-se uns aos outros. Com isso todos saberão que vocês são meus discípulos, se vocês se amarem uns aos outros.

(João 13:34-35)

A maior prova de que estamos em Deus é exatamente o amor, porque no mundo não há amor — só ódio, desunião, rancor, traição, maldade, inveja e mesquinharia. O ser humano não nasceu para viver sozinho. É um ser sociável que precisa de amor, atenção, aceitação, convívio com os seus semelhantes e troca de afeto e ideias. Vamos deixar de lado tudo o que for de mais sujo e que possa ser plantado nos relacionamentos entre as pessoas e vamos viver o amor de Deus assim como Ele nos amou e perdoou em Cristo.

Graça da união

O nosso relacionamento com o próximo revela muito de nosso caráter, coração e nossa comunhão com Deus. Se nosso coração for humilde, dócil e paciente uns com os outros, seremos abençoados e teremos paz. A comunhão com Deus se manifesta no amor ao próximo, respeitando-o e desejando que seja abençoado.

Na casa de Deus há paz, louvor, adoração, gratidão, ensino e Palavra, mas também aconselhamento em amor para que nos ajudemos.

Não há mais espaço na casa de Deus para "bebês espirituais". É hora de nos levantarmos como pessoas maduras e santas, que não dão espaço para as coisas erradas, entendem e vivenciam a Palavra de Deus, e por isso têm discernimento de todas as coisas. É tempo de parar de buscar somente os próprios interesses, e olhar para a igreja, para a família natural e a espiritual, buscando o que é melhor para todos.

O PODER DO LOUVOR E DA ADORAÇÃO

"Eu tinha 23 anos quando Deus me dizia que queria me usar não somente cantando, mas também ministrando louvores. Só que sempre fui muito tímida, e jamais me veria ministrando e cantando. Deus me revelou várias vezes em sonhos meu chamado para o ministério, mas um dia orei e pedi confirmação ao Senhor. Naquela noite, tive um sonho em que o pastor da igreja me pedia que escolhesse os cânticos e ministrasse o louvor.

No domingo seguinte, foi exatamente desta forma que aconteceu, o pastor falou comigo como no sonho. Assim, Deus me chamou e confirmou para ser uma ministra da palavra de Deus por meio dos louvores, e tem me usado para sua glória. Seu ministério, Aline, é um exemplo para mim e sua dedicação é uma inspiração para todos que recebem do Senhor a responsabilidade de conduzir a igreja nos louvores e na adoração em sua casa."

Francielle Gonçalves Suzart

O coração de Deus se alegra por todos que aceitam o chamado para tão grande missão, o de louvor. Há uma passagem bíblica que nos mostra a importância e a presença do louvor na vida dos filhos de Deus e nos momentos em que Deus age de modo especial. Por ocasião da unção de Saul como rei, o profeta Samuel lhe deu uma série de instruções acerca do que fazer para solenemente receber o Espírito de Deus em sua vida, e isso aconteceu exatamente no momento do louvor:

Ao chegar à cidade, você encontrará um grupo de profetas que virão descendo do altar do monte tocando liras, tamborins, flautas e harpas; e eles estarão profetizando. O Espírito do Senhor se apossará de você, e com eles você profetizará, e será um novo homem. Assim que esses sinais se cumprirem, faça o que achar melhor, pois Deus está com você.

(1Samuel 10:5-7)

Outro acontecimento interessante envolve o apóstolo Paulo e seu amigo Silas. Eles foram presos por pregar a mensagem de Jesus. Na prisão, por volta da meia-noite, eles oravam e cantavam louvores a Deus, e os outros presos os ouviam. Então houve um terremoto tão forte que abalou os alicerces da prisão, forçando as portas a se abrirem e soltando as correntes de todos eles. Que episódio maravilhoso! Primeiro, vemos que Paulo e Silas, mesmo com dor, acorrentados e maltratados, não pararam de louvar a Deus. Depois, por causa do fervor e da fidelidade deles, Deus mandou um terremoto, as correntes se romperam e eles ficaram livres. O que fizeram? Fugiram? Não, pregaram o Evangelho ao carcereiro e toda a família dele foi alcançada pelo Evangelho. Por fim, Deus completou a obra, e Paulo e Silas foram libertados sem precisar fugir nem ficar fora da lei.

É maravilhoso quando o povo de Deus se une para louvar a Deus em sua casa ou em algum encontro em que o Evangelho é anunciado.

Você está vivenciando um problema e a tristeza não o deixa louvar? Abra sua boca e cante louvores a Deus, pois a adoração muda situações e gera alegria e paz. Não deixe de demonstrar seu amor por Deus também por meio dos louvores. Cante, participe da adoração na casa de Deus, louve-os com os irmãos, pois isso é agradável ao Senhor.

Filhos do Rei

Somos príncipes e princesas espirituais e, como tais, temos o direito de usufruir o melhor dessa terra, assentar à mesa e nos servir de tudo do banquete com nosso Pai porque Ele é Rei dos Reis e Senhor dos Senhores. Ser príncipe requer linguagem e vestes diferenciadas, bem como atitudes e pensamentos elevados, tudo de acordo com o Rei-Pai. Talvez, você questione: "Será que consigo viver de modo tão elevado, de acordo com minha identidade real em Cristo?" Sim, é possível porque somos novas criaturas nele.

A graça da comunhão com Deus nos faz ter livre acesso ao Pai. Portanto, não precisamos mendigar por sua presença nem por coisa alguma. Não existe mais nada que nos separe de Deus. A graça extraordinária de Jesus abriu completamente as portas que dão acesso à sala do trono do Pai celestial. Assim, não temos de marcar uma audiência para falarmos com o Criador de todas as coisas. Podemos nos aproximar dele com toda confiança a fim de receber misericórdia e receber sua graça extraordinária no momento da necessidade.

> *A graça da comunhão com Deus nos faz ter livre acesso ao Pai. Portanto, não precisamos mendigar por sua presença nem por coisa alguma.*

Podemos acordar pela manhã e dizer: "Pai, obrigado por mais esse dia. Eu confio em ti e te entrego todas as coisas que acontecerão. Eu espero em ti para que tudo seja uma bênção hoje." À tarde, podemos falar com Ele sobre qualquer coisa que esteja nos afligindo ou agradecer por algo. À noite, podemos dizer: "Obrigado, meu Pai, por ter me guardado, guiado e abençoado. Obrigado porque nada tem faltado." Podemos entrar na presença de Deus a qualquer hora, de madrugada, quando perdemos o sono e estamos preocupados; podemos pedir, agradecer, conversar sobre nossos sonhos, podemos falar sobre tudo com nosso Pai.

Muitas pessoas pensam que elas não são dignas e, por isso, vivem inseguras, sem usufruir do tudo que Deus tem para elas. Esqueça esse pensamento ruim. Lembre-se de que fomos criados à imagem e semelhança de Deus, somos coerdeiros com Cristo, participantes de sua ressurreição, de seu poder e de sua autoridade, de tudo que diz respeito ao seu Reino.

Você foi declarado justo aos olhos de Deus por causa de Jesus. Qualquer condenação foi retirada da sua ficha de vida. Por isso não precisa mais viver com medo de ser julgado. Você é filho de Deus! Por causa da graça abundante vinda do nosso Deus, podemos celebrar nossa libertação do pecado e a viver como filhos do Rei dos reis. A vida passa muito rápido. Então vivamos da melhor maneira possível, usufruindo da liberdade que o Pai nos garantiu em Jesus Cristo.

O MELHOR DA TERRA

"Eu estava afastada dos caminhos de Deus há sete anos quando conheci um rapaz por quem me apaixonei, mas o namoro só durou

um ano. *Depois, entre idas e vindas, porque eu o amava loucamente, engravidei. Tanto a minha família quanto a dele insistiam para que eu abortasse, mas, mesmo sozinha e desempregada, resolvi seguir com a gravidez. Foram meses de solidão e desprezo total do pai do bebê. Até que um dia um amigo me lembrou dos tempos em que eu servia a Deus e me convidou para ir à igreja dele.*

Na hora do louvor, cantaram a música Ressuscita-me. *Eu me agarrei à letra daquela música e comecei a orar, pedindo ao Senhor que ressuscitasse e restaurasse o meu viver. Eu me arrependi por todos aqueles anos que vivi longe de Deus, anos de desperdício de vida, pedi-lhe perdão e forças para mudar. O Senhor me perdoou, removeu minha pedra, mudou minha história de forma extraordinária, pois hoje não só eu e meu filho, já com 4 anos, estamos firmes nas Casa de Deus, como também o pai dele, que também se converteu e se casou comigo! Hoje, somos uma família que serve ao Senhor, não damos lugar ao inimigo e nosso lar é abençoado. Sou muito grata a Deus pelo inesperado que faz, muito além do que eu imaginava. Sou grata a Ele por ter me perdoado, amado e dado uma família maravilhosa."*

Ariane Ribeiro

A igreja é o melhor lugar do mundo. Muitas famílias, incluindo a da Ariane Riberio, já descobriram essa verdade. Quando nos vemos realmente como filhos de Deus e sabemos que reinaremos não só no céu, mas também nesta vida, passamos a declarar com fé as promessas de Deus, chamando-as à existência. A partir desse momento, entendemos que podemos todas as coisas naquele que nos fortalece e, portanto, podemos comer o melhor dessa terra.

É preciso entender que somos realmente livres em Jesus. Somos livres para sonhar com coisas maiores, projetar coisas maiores para a nossa vida, entender que as promessas são de Deus para nós e nele conquistaremos bênçãos para nossa casa e todas as áreas da nossa vida. Ao lado de Jesus, avançaremos e caminharemos sem timidez nem espírito de medo, mas cheios de amor, equilíbrio e poder de Deus.

Temos a mente de Cristo. Para que vivamos felizes, livres e vitoriosos, temos de nos desvencilhar das coisas que impedem nossa liberdade. Jesus nos convida a lançar sobre Ele todo o nosso cansaço, para que possamos descansar.

Deus quer livrar você de seus pesos. Vá até Ele em oração, entregue a Ele seus sofrimentos, a escravidão que o oprime e todas as áreas de sua vida que precisam ser mudadas, pois só assim sua vida irá se tornar leve. Jesus é o nosso Libertador. Deus quer nos tomar em seus braços, como um pai faz com uma criancinha para consolá-la e protegê-la. O Senhor quer dar-nos paz, tirar nossas ansiedades, libertar-nos das cadeias materiais, emocionais e espirituais que ainda nos aprisionam, quer nos tirar do conformismo e nos levar a um plano em que nos tornemos ativos e produtivos para sua perfeita vontade.

Deus quer renovar nossas forças, transformar-nos e nos fazer voar alto como águia. Então, por que esperar mais para viver em liberdade total? Aceite o amor de Deus e seja livre. Sua vida passará a ser como um sonho maravilhoso, e bênçãos incríveis chegarão a sua vida.

A graça em ação

"Quando aceitei Jesus como meu Salvador, eu tinha dificuldade de me relacionar com Ele. Isso acontecia porque, quando eu tinha 4 anos, meu pai abandonou minha mãe para morar com outra mulher em outra cidade, e isso gerou um sentimento de abandono tremendo em mim. Então eu achava que Deus também tinha me abandonado e não me ouvia. Quando eu estava com 14 anos, meu pai voltou a morar no Rio de Janeiro, e fiquei muito feliz com isso, mas não conseguia ter com ele um relacionamento de intimidade entre filha e pai.

Foi então que Deus me ensinou sobre o perdão. Comecei a ir nos fins de semana para a casa dele, a passar alguns Natais com ele, enfim, a estar mais próxima, e logo eu o perdoei. Automaticamente comecei a ter também comunhão com Deus, passei a chamá-lo de Pai e a sentir seu amor, que cura e nos transforma. Hoje sei que sou filha de Deus, que em todo tempo Ele está presente e pronto a me ouvir."

Daniela Gomes Boeno

9

GRAÇA QUE ALCANÇA TODAS AS GERAÇÕES

Eu faço parte de uma geração
Que busca, clama e se arrepende
Que adora ao Senhor
Que busca santidade
E vive as promessas de um Deus fiel

Deus é santo. Isso faz parte de sua natureza eterna. Ao criar os seres humanos, Ele também lhes transmitiu sua santidade. A intenção do Criador era que houvesse plena comunhão entre os seres humanos e Ele. No entanto, quando Adão e Eva pecaram, foram afastados de Deus, pois a própria natureza santa dele se separa naturalmente da presença do pecado. Não pode existir comunhão entre a Luz e as trevas. Apesar disso, Deus não deixou de amar o pecador, mas continua detestando o pecado. Por isso, embora não sejamos perfeitos, Ele se agrada de quem o busca e procura se santificar. O padrão de Deus é bem elevado. Ele quer que sejamos como Ele é: "Portanto, sejam perfeitos como perfeito é o Pai celestial de vocês" (Mateus 5:48).

Você sabia que somos cidadãos do céu? Quem é do Brasil é brasileiro. Quem é do céu é "celestial". Se somos "celestiais", não andamos mais de acordo com os padrões deste mundo; ao contrário, atentando para o que é do alto, buscamos a santificação e a capacitação para realizar a missão que Deus nos confiou neste mundo. O nosso alvo é a maturidade cristã, a plenitude em Jesus, para sermos úteis como igreja na sociedade.

Não podemos nos conformar com nossos erros e achar que nunca vamos conseguir mudar algo em nossa vida. Com a Bíblia e o toque do Espírito Santo em nosso coração, podemos ser transformados e testemunhar o poder de Deus. Nosso alvo é agir como Jesus agia, falar como Ele falava e andar como Ele andava, buscando a mente de Cristo.

Nós, porém, temos a mente de Cristo.

(1Coríntios 2:15-16)

Diante de cada situação, temos de pensar o que Jesus faria se estivesse em nosso lugar: "Seja a atitude de vocês a mesma de Cristo Jesus" (Filipenses 2:5). A nossa mente tem de ser a de Cristo, e quem tem a mente dele busca os valores do céu, e isso inclui a santificação.

Procuramos não entristecer aqueles a quem amamos, não é mesmo? Da mesma forma, nosso amor por Deus move-nos a atitudes para não o magoar. Quero viver sempre gerando alegria ao coração dele; quero que Ele olhe para mim e diga: "Essa é uma mulher segundo o meu coração, como um dia meu servo Davi foi um homem segundo o meu coração". Quem deseja viver para Deus busca fazer a vontade dele e confia a Ele a sua vida, a fim de que Deus o capacite e o use conforme o querer dele.

A resposta

Deus não muda, não mente, é fiel e perdoador, e tudo o que está na Bíblia é vivo, penetrante e eficaz. Ela foi escrita ao longo de milhares de anos, mas é atual e contextual, sendo a resposta de Deus para todos os nossos problemas e o manual de conduta para todo aquele que quer agradar a Deus. A Bíblia é a mesma, e, por ser viva, a cada momento fala de uma forma diferente, de acordo com o que precisamos ouvir. Dependendo da situação vivenciada, ela se revela de uma forma diferente, saltando aos nossos olhos aquilo que Deus quer nos mostrar e orientar. É a Palavra revelada!

A Bíblia é maravilhosa porque nos instrui e alimenta em todo tempo. Ela é a resposta para todas as questões, o remédio da alma, a orientação para o dia a dia, é a nossa luz, esperança, verdade, justiça e nos habilita para fazer o que Deus quer. É por meio dela que adquirimos fé e buscamos o aperfeiçoamento. O verdadeiro filho de Deus tem prazer em andar na luz, de acordo com a Palavra de Deus.

Lembre-se, não há comunhão entre luz e trevas. Somos filhos da luz porque Deus é luz. Não há comunhão com os valores deste mundo. Águas doces e amargas não saem da mesma fonte, assim como o trigo e o joio não podem se misturar ou confundir. Deus é fiel e não contradiz o que falou na Bíblia. Se Ele afirma que devemos estar no mundo para testemunhar do seu amor e viver uma vida que o exalte, e não para nos misturarmos a ele, é exatamente assim que devemos andar.

Busque ao Senhor, ponha-o em primeiro em tudo. Você só tem a ganhar! Aqueles que vivem a vida de qualquer maneira e que não andam de acordo com a Bíblia sujeitam o corpo a uma série de riscos e são escravos de vícios. Consequentemente, suas emoções são afetadas por dores, traumas e frustrações. Além disso, viver longe do projeto de vida que Deus sonhou separa o ser humano da presença de Deus, causando um vazio espiritual sem precedentes. Vamos viver em santidade, paz e alegria de acordo com o que a Bíblia ensina, pois ela é o maior remédio que existe. E nunca perca de vista tudo o que você aprende com ela. Guarde tudo isso no seu coração. Afaste da sua boca a maldade. Permaneça com seus olhos fixos no que está à sua frente, para que você enxergue bem por onde anda. Fazendo assim, seus passos estarão seguros em Deus.

Se mantivermos o olhar fixo na Bíblia e no Reino de Deus, viveremos seguros nesta terra, guardados da maldade deste mundo, pois em todos os momentos contaremos com a instrução da Palavra de Deus e saberemos o que falar e como agir, porque ela é revelação e vida.

Deus dos pequeninos

É preciso entendimento, maturidade e sabedoria para instruir os filhos na Palavra. Muitas vezes, estamos tão envolvidos com afazeres diários ou solução de problemas que não percebemos a necessidade que eles têm da nossa atenção. Perdemos oportunidades de expressar o nosso amor e de testemunhar o amor de Deus.

Quando seu filho disser: "Eu quero mostrar (ou falar) uma coisa", largue tudo e dê atenção a ele. Se você não for naquele momento, a porta do coração dele se fechará, e quando mais tarde você perguntar o que ele queria dizer, ele falará: "Não me lembro, não tem mais importância." Que triste isso! Ele precisava só dos seus ouvidos. Temos de ter essa sensibilidade e dar atenção aos nossos filhos.

Muitos pensam que disponibilidade para servir a Deus é só do lado de fora do lar, no trabalho, na rua ou igreja. Não! Ela começa dentro de casa, demonstrando amor aos mais achegados. Quando um filho quer compartilhar algo, precisamos entender a preciosidade de tal momento, porque temos a oportunidade de ouvir, falar, dar conselhos e ensinar a Palavra de Deus, mas também de aprender, porque as crianças têm a nos ensinar. Não despreze o que seus filhos dizem, ao contrário, procure aprender com eles.

Temos de nos tornar como crianças, alegres, cheias de esperança e fé e prontas a aprender. Como pais cristãos, temos de estar atentos e aproveitar todos os momentos para ensinar a Bíblia aos nossos filhos. Certa vez, recebi uma repreensão do Senhor, que usou minha filha para me chamar ao despertamento e à responsabilidade. Eu costumo contar histórias para ela antes de dormir. Em certa noite, comecei a contar-lhe uma história de minha imaginação sobre princesa. Maria, entretanto, interrompeu-me e disse: "Não, mamãe, eu não quero uma história de princesa, eu quero uma da Bíblia!" Naquele mesmo instante, ouvi a voz do Espírito Santo no meu coração dizendo: "Eu precisei falar pela boca de uma criança para você se despertar."

Na mesma hora, fechei meus olhos e pedi perdão a Deus por quase ter desperdiçado uma oportunidade. Peguei a Bíblia infantil, escolhemos uma história e não só eu a contei para ela, mas também nós a encenamos com muito ânimo, como em um teatrinho. Precisamos ensinar com alegria a Palavra de Deus aos pequeninos. Não podemos desvalorizá-los ou achar que não entenderão a grandeza do poder e do amor de Deus. Essa é uma geração de crianças apaixonadas por Jesus.

Tenho visto muitas crianças correndo em lágrimas para os braços do Pai, crianças que aceitaram Jesus, que oraram por seus pais e viram suas casas serem transformadas. Não há idade para Deus usar uma pessoa em seu Reino — Ele usa também as criancinhas! O Senhor faz coisas extraordinárias, capacita quem se dispõe e tem um coração aberto para ouvir sua voz e obedecer-lhe.

É desde pequenos que temos de lhes apresentar Jesus e plantar a semente do Evangelho. Faça isso de forma alegre e criativa para que cresçam conhecendo e amando a Deus. Temos de aproveitar todas as oportunidades para ensinar-lhes a Bíblia:

Instrua a criança segundo os objetivos que você tem para ela, e mesmo com o passar dos anos não se desviará deles.

(Provérbios 22:6)

Eu quero ser uma mãe que ensina os filhos no caminho em que devem andar, uma mãe atenta à voz de Jesus, que conhece o que a Bíblia diz e tem sabedoria e discernimento para dizer a palavra certa no momento certo. Eu quero ser um instrumento nas mãos do Senhor para que meus filhos cheguem aos propósitos dele. Quero ser uma bênção na vida deles, não só os abençoando com minha boca, mas também agindo para que amem ao Senhor e o conheçam e temam de coração. Eu quero ser como a mulher virtuosa que cuidava da família e não deixava que nada lhes faltasse, inclusive, a provisão espiritual. Eu quero ser bênção no meu lar.

Ensine-as com persistência a seus filhos. Converse sobre elas quando estiver sentado em casa, quando estiver andando pelo caminho, quando se deitar e quando se levantar. Amarre-as como um sinal nos braços e prenda-as na testa.

(Deuteronômio 6.4-9)

O SONHO DE NICOLAS

"Minha filha nasceu com cardiopatia congênita. Tinha sopro e hipertensão pulmonar, ou seja, muito sangue no pulmão. Ela ficava sempre com uma sudorese horrível, e não se desenvolvia compativelmente com a idade. À noite ela não dormia, apenas cochilava e acordava assustada, e eu não podia deixá-la chorar porque perdia o fôlego. Então eu ia para sala, ela chorava e apontava para o rádio, eu colocava o CD Caminho de milagres e ouvia Manancial *e* Caminho de milagres. *Ela se aquietava e dormia. Foi desenganada pelos médicos, que disseram haver apenas 1% de chance de ela sobreviver à cirurgia.*

Quando ela estava com 1 ano e seis meses, os médicos decidiram realizar a cirurgia. Fomos para o Instituto de Cardiologia em Laranjeiras, no Rio de Janeiro. Levei meu celular com os louvores e, sempre que os ouvia, ela se acalmava. Para honra e glória do nosso Deus, minha filha está curada. Quando teve alta, ela chegou à nossa casa e coloquei o louvor Tudo é teu, e ela dançou como nunca havia dançado. Hoje minha filha está com 8 anos, ama você, Aline, e diz que você é a cantora preferida dela. Ela ama todos os seus CDs, em especial, Aline e Cia. e Tim-tim por tim-tim.

Quero dizer que você é uma bênção em nossas vidas, seus louvores acalmam e dão paz. No dia do aniversário da minha filha, cantamos a música Lugar seguro, e quando estou triste ouço Esperança. Nós amamos você e louvamos a Deus por sua vida. Você é ungida do Senhor. Que Deus continue abençoando o seu ministério."

Grasiele Pires

O nosso Deus nos fortalece, capacita, orienta e dá sabedoria em todas as situações, Ele é um Deus de milagres, como a linda história da Grasiele nos mostra. O Senhor ama as crianças, e hoje tem despertado uma geração que, no futuro, irá servir a Ele de modo especial. Quando meu filho tinha 8 anos, ele teve um sonho que o incomodou porque era diferente e ele não o entendeu. Ele me disse que sonhou com uma cidade muito escura, sem cor, sem vida, feia, onde tudo era cinza. De repente, ele escutou uma voz que dizia: "Nicolas, pinta essa cidade, deixa tudo colorido e lindo. Ponha muitas cores, Nicolas, para que ela fique muito bonita." Ele me contou que a voz ficou insistindo com ele para que pintasse a cidade, até que ele acordou.

Meu filho me disse que não havia entendido o sonho. Na mesma hora, o Senhor me deu discernimento e eu lhe disse: "Filho, isso é uma missão que Deus está dando a você. Jesus está falando para você pintar com a beleza do Evangelho todas as cidades por onde você passar. Ele está chamando você para ser um instrumento dele nesta geração para *colorir* vidas. As cidades são feias e cinza por causa do pecado. Nelas há mentira, desordem, desobediência, desonestidade, há muitas coisas que são o oposto do que Deus ensina na Bíblia. Essa cidade era como se tudo estivesse destruído, tudo muito feio, não é mesmo? Mas Deus está dizendo para você levar alegria e salvação para este mundo por meio de seu testemunho de vida, meu filho, e tudo vai ficar bonito por onde você passar e falar de Jesus. Nicolas, o Senhor quer usar todo dom, todo talento que Ele deu a você para fazer essa cidade ficar cheia da luz e da beleza de Jesus. Ele conta com você."

Que coisa linda é ver o Senhor desde cedo falando às crianças sobre a missão que terão neste mundo. Ele tem pressa e não despreza o coração das crianças. Então, vamos ter atenção e ouvir o coração delas. Deus também fala ao coração dos pequeninos.

O Senhor tem falado às crianças, tem revelado missões a elas, por isso temos de estar atentos. Isso é maravilhoso e grandioso porque Ele não olha com os nossos olhos. Ele vê lá na frente. Não vê idade nem barreiras para realizar sua obra. Eu comecei a cantar aos 5 anos, e meu pai me dizia: "Filha, não canta para homens, canta para Deus", e da minha boca saía o puro louvor ao Senhor.

Os pais precisam estar atentos aos filhos, ao que dizem, ouvem e veem. Hoje, em um clique, seu filho pode ver pornografia na internet. Na TV, por trás de "inocentes" desenhos animados, filmes e outras programações, são propagadas dezenas de mensagens que ensinam às crianças conceitos distorcidos e valores contrários à Bíblia, buscando cauterizar a mente delas. Estão fazendo de tudo para que as gerações futuras não glorifiquem ao Senhor. Precisamos nos conscientizar, levantar e trabalhar, entendendo nossa responsabilidade diante de Deus de mostrar aos mais jovens a riqueza e o valor da presença de Jesus.

Por tudo isso, tenho muito temor diante do Senhor em relação a cada trabalho infantil. Cada CD e DVD, cada programação, tudo é apresentado a Deus para que alcance cada coraçãozinho com a Palavra de Deus, seja bênção e cumpra o propósito que o Pai celestial tem designado. Eu quero ser uma bênção para cada família que ouve meus trabalhos infantis, quero inspirar os pais a buscarem ao Senhor com seus filhos e ajudá-los a entender o coração deles.

Não podemos desprezar o coração de uma criança, precisamos ouvi--las. Quero ser uma mãe atenta, um instrumento nas mãos do Senhor para orientar meus filhos e ajudá-los a alcançar os sonhos que Deus tem para eles. Eu quero ser bênção na vida deles, e para isso preciso da sabedoria que vem do Alto, atenção e entendimento. Essa é a minha responsabilidade — fazê-los ver a grandeza do sonho de Deus para que um dia eu possa dizer: "Deus, eu soube cuidar daquilo que me confiaste. Ensinei segundo a tua Palavra e multipliquei para a tua glória!"

Corações distantes

Será que podem existir corações distantes dentro de uma mesma casa? Sim! Às vezes, aquele que você pensa estar bem perto de você é o que está mais distante. Muitas vezes, uma família está aparentemente unida, mas, no íntimo, os corações não estão vivenciando os propósitos de Deus para ela: pais que usem a linguagem do amor, da verdade, da fé e do perdão com seus filhos para se comunicar e seus conselhos serem ouvidos.

Muitos corações se tornam distantes porque temos grande dificuldade para nos comunicar, falar e ouvir, e porque muitas vezes queremos impor a nossa própria linguagem. Deus criou cada um de nós de forma especial e singular, e espera que nos aceitemos, amemos e dediquemos uns aos outros sem ditaduras, mas em amor.

Nós, pais, por vezes nos preocupamos tanto em executar bem nosso papel, que perdemos o melhor da história: confiar em Deus. Por causa de nossas preocupações, começamos a agir por nós mesmos e esquecemos de pedir ajuda ao Espírito Santo para executarmos bem a grande missão de educá-los. Não estamos com nossos filhos 24 horas por dia, e por mais que isso nos preocupe, há momentos em que eles têm de decidir sozinhos o que farão ou não. O que temos de fazer é orar constantemente e pedir ao Espírito Santo que esteja com eles o tempo inteiro e toque em seus corações para que façam escolhas que agradem a Deus.

Essa é a única forma de ficarmos tranquilos, confiando que o Senhor os guardará e guiará. Caso contrário, essa linda missão de sermos pais torna-se um peso que até pode nos distanciar de Deus, tamanhas são as preocupações e a vontade de fazer e fazer e fazer. Vamos orar, confiar, profetizar bênçãos sobre nossos filhos, valorizá-los como são, ser humildes para ensinar e aprender com eles, vamos mostrar-lhes o amor de Deus por meio de nossos gestos e palavras de amor e por meio da confiança que demonstramos ter neles. Isso faz com que se sintam valorizados e desperta neles o senso de responsabilidade e autoconfiança.

Como tem sido o seu relacionamento familiar? Você demonstra respeito, gratidão, consideração, preocupação, cuidado e amor? Você escuta, respeita e considera os membros de sua família? Muitas mães ganharam seus filhos para Jesus por amarem e perseverarem em oração. Você tem se lembrado também do seu Pai celestial, o Deus Todo-Poderoso? Você se lembra dele só nos momentos de dificuldade ou celebra com Ele os melhores momentos de sua vida? Muitos, quando conquistam o sucesso pessoal, esquecem-se de Deus e deixam de ser bons filhos também para os pais terrenos.

O que o Senhor espera de nós é que, custe o que custar, não nos afastemos dele. Façamos tudo em função de nosso Pai maravilhoso.

> Filhos, obedeçam a seus pais no Senhor, pois isso é justo. 'Honra teu pai e tua mãe' – este é o primeiro mandamento com promessa – 'para que tudo te corra bem e tenhas longa vida sobre a terra'. Pais, não irritem seus filhos; antes criem-nos segundo a instrução e o conselho do Senhor.
>
> (Efésios 6:1-6)

PALAVRA AOS JOVENS

"Quando eu tinha 8 anos, minha madrinha me levou a uma igreja, onde ouvi a música Consagração, de Aline Barros, e nunca mais me esqueci. O tempo passou, mas, em vez de me firmar em uma igreja, procurei a bruxaria aos 15 anos. Ali me diziam que eu tinha de 'fazer os procedimentos' para seguir os demônios, mas eu nunca aceitei porque, no fundo, sabia que me arrependeria. Aos 23 anos, eu não parava em emprego algum e meu namorado não me desejava mais. Comecei a sair com amigos na noite e a beber muito, mas fui ficando cada vez mais solitária e infeliz. Eu sentia um vazio enorme em meu viver e não sabia como preenchê-lo.

De repente, sem querer, fiquei grávida de meu namorado e tive muito medo de contar para ele, pois, como as coisas já iam mal, achei que a gravidez terminaria de vez com o namoro. Mas, ao contrário disso, quando soube, ele ficou muito feliz e me assumiu. Casamos e, pouco tempo depois, tivemos outro filho, mas Deus não era o Senhor da minha casa, e eu e meu marido brigávamos muito. Fomos para a igreja a fim de criar nossos filhos ali. Só que eu, de alguma forma, ainda estava ligada à bruxaria e não sabia o que fazer porque estava confusa, nem mesmo sabia se acreditava na Bíblia.

Um dia, na igreja cantaram uma música que tocou muito meu coração e me fez chorar: Ressuscita-me. *Orei a Deus, pedi-lhe perdão e libertação, supliquei que entrasse em minha vida, trouxesse salvação e destruísse tudo de ruim que eu havia construído durante anos. Somos hoje uma família realmente participante da casa e da graça de Deus, vivemos em harmonia, oramos e lemos a Bíblia junto com as crianças todos os dias, buscamos o fruto do espírito e não damos brecha para que o diabo entre em nosso lar, porque amamos e servimos a Deus de todo o coração."*

Railane Marques

Você, jovem, é especial. Não se deixe envolver pelo engano. Mostre isso às pessoas não só por um vestuário decente, mas por suas atitudes e pela presença de Deus em sua vida:

Como pode o jovem manter pura a sua conduta? Vivendo de acordo com a tua palavra.

(Salmos 119:9)

Muitos, em busca de dinheiro, poder e sucesso, estão cometendo erros que os levarão à perdição. Não busque a alegria nas coisas passageiras, pois ela está em Jesus. É Ele que proporciona tudo de que precisamos, sacia nossa necessidade de paz, felicidade e justiça. Podemos correr por vários caminhos, mas nada vai adiantar, nada vai nos saciar, a não ser a vida com Deus.

Ele mesmo falou que é o caminho, a verdade e a vida. Só Ele pode nos levar ao Pai celestial. Tudo de que precisamos é ter comunhão com Deus para que verdadeiramente encontremos o sentido da vida porque o Pai é o criador da vida, Ele é a própria vida. Caminhe com os princípios da Palavra de Deus, jovem, e você terá nessa vida tudo de que precisa.

Há pessoas procurando o brilho do ouro e da prata, coisas desta terra, mas nós procuramos o brilho da glória de Deus, da luz de Jesus em nós, e isso é muito forte. As bênçãos que o Senhor nos dá são acréscimos por nossa fidelidade a Ele. Entregue-se 100% a Deus, sem reservas nem desconfianças, mude no que for preciso, seja humilde e submisso a Deus, aprenda a esperar, confie incondicionalmente, honre-o com a sua vida, e Ele honrará você com suas ricas bênçãos.

Jovem, desperte para este tempo! Só é esperto aquele que anda de acordo com a Palavra de Deus. Esse, sim, é sábio. Diga "não" a tudo que é contra a Bíblia e a favor do mundo, posicione-se como filho de Deus e viva em lugares altos espiritualmente, porque foi isso que Deus preparou para os seus a fim de que resplandeçam sua glória e tenham o brilho de Jesus. O brilho do rosto de Jesus é como o sol. É esse brilho que temos de buscar, o da glória de Deus. Se você seguir os passos de Jesus e caminhar na direção de sua Palavra, se for um jovem submisso à vontade do Pai, as pessoas vão ver em você o tamanho do Deus a quem serve. Na escuridão, a luz de Jesus vai brilhar em sua vida.

> *Jovem, desperte para este tempo! Só é esperto aquele que anda de acordo com a Palavra de Deus [...] Diga "não" a tudo que é contra a Bíblia e a favor do mundo, posicione-se como filho de Deus e viva em lugares altos espiritualmente.*

Mesmo que você esteja vivendo os melhores dias de sua vida por causa de sua pouca idade, força e formosura, que tudo esteja indo bem, esteja satisfeito e sua alma esteja em paz, não deixe de ouvir Deus porque, quando deixamos de escutá-lo, nós nos distanciamos das coisas espirituais, do Reino de Deus, e a ruína logo surge.

Quando eu estava no Ensino Fundamental, tinha entre 13 ou 14 anos, mesmo ainda tão jovem, comecei a falar de Jesus para uma colega de classe chamada Daniele. Eu a convidei para ir à igreja. Ela aceitou o convite e sentiu algo muito especial em sua vida. Minha mãe começou a evangelizar a mãe dela também, e logo a família toda conheceu o amor de Deus e estão firmes com Ele até hoje. O Senhor usa crianças, adolescentes e jovens.

Jovens que amam a Palavra de Deus são fortes e vencedores e cheios da presença de Deus. Eles não têm medo dos confrontos e situações adversas da vida. Quem tem o Espírito Santo tem sabedoria, entendimento e resposta em todos os momentos. Se você estiver na faculdade, em uma roda de amigos ou em qualquer outro lugar, não se sinta intimidado por brincadeiras e comentários que não convêm. Saiba que você está revestido pelo poder de Deus para ter autoridade em qualquer lugar e se posicionar contra o que desagrada ao Senhor.

Um jovem chamado Êutico

A Bíblia conta um caso muito interessante. O apóstolo Paulo estava ensinando a Palavra de Deus em uma casa. Então um jovem chamado Êutico dormiu profundamente, caiu da janela e morreu. Paulo, no entanto, cheio do poder de Deus, foi até o corpo do rapaz e o ressuscitou.

Esse episódio aconteceu em uma cidade chamada Trôade, sendo aquela a última noite de Paulo com eles. O apóstolo os ensinou até o amanhecer, a fim de que os cristãos dali aprendessem um pouco mais sobre o Evangelho.

Era comum nas casas um terceiro andar com um terraço, uma espécie de salão de festas com um murinho baixo nas laterais para que houvesse boa circulação de ar, as pessoas pudessem ali se encontrar e festejar. Foi então em um salão assim que Paulo e um grande grupo de cristãos passaram a noite ouvindo a Palavra, mas alguém não aguentou de sono: o jovem Êutico, que estava sentado bem perto dessa janela ou murinho baixo, dormiu, caiu e morreu, mas foi ressuscitado pelo poder de Deus que estava em Paulo. Dessa passagem bíblica, tiramos várias lições.

1. O jovem Êutico estava dentro da casa, mas seu coração não estava desperto e atento. Por isso, dormiu. Não fique na igreja por conveniência e costume sem dar atenção à Palavra de Deus. Mantenha-se acordado espiritualmente, despertado e ativo para que você não caia.
2. Êutico estava à janela, portanto, em um lugar de risco. Não fique espiritualmente "sentado a uma janela" olhando, admirando e desejando as coisas do mundo, pois todo filho de Deus tem tudo de que precisa na casa do Pai. Muitas vezes, a pessoa nem percebe que isso está acontecendo, mas, quando dá por si, está à janela olhando para o mundo, dorme espiritualmente e cai.
3. Êutico se distraiu e dormiu. Esse tem sido outro grande problema entre os jovens hoje: estão distraídos e adormecidos. Muitos

tornam-se desatentos e displicentes com respeito às coisas relacionadas a Deus e facilmente "dormem" espiritualmente. Desperte, jovem! Deus conta com você para mover esta geração.

Valorize a igreja e a Palavra de Deus. Não se distraia no culto, não fique de conversa, preste atenção à mensagem e abra o seu coração para que o Espírito Santo aja em sua vida e o transforme mais e mais. Não se deixe atrair pelas coisas do mundo, ao contrário, domine seu viver para que não seja seduzido e venha a desobedecer a Deus.

Muitos estão na casa de Deus ouvindo a Palavra e aprendendo sobre a verdade do Evangelho, mas estão sentados espiritualmente à janela, com os pensamentos lá fora, com vontade de fazer o que o mundo faz, desejando viver da forma que desagrada a Deus. Se você ficar nessa janela espiritual, olhando para o que não deve, acabará caindo.

Não permita que, de cochilo em cochilo, você acabe caindo em profundo sono espiritual. Rejeite pensamentos e vontades erradas, desejos da carne e atitudes impuras. Faça aquilo que Deus orienta, porque Ele diz a seu respeito: "Jovens, eu lhes escrevi, porque vocês são fortes, e em vocês a Palavra de Deus permanece e vocês venceram o Maligno" (1João 2:14). Você quer ser coroado com êxito? Obedeça às instruções e conselhos dessa Palavra que é viva e eficaz.

JOVEM EXEMPLAR

"No ano de 2010, fiz um concurso [...] e fiquei muito distante do número de vagas, porém classificada. Entrei em oração e guardei a promessa. Naquele período passei por dificuldades financeiras. Quando faltava exato um mês para o concurso perder a validade, ouvi o CD Caminhos de milagres e, em cima dessa promessa, intensifiquei minha oração. Faltava apenas um dia para expirar a validade do concurso. Orei antes de abrir a página do site, e lá estava a última lista de convocados, na qual estava meu nome, para a honra e glória do Senhor. Sofri muita humilhação e zombaria, mas nada abalou minha fé nem mudou o propósito de Deus em minha vida. Hoje, trabalho no Instituto Nacional do Câncer e lá faço a obra do nosso Deus."

Anônima

Que fé essa mulher demonstrou ter, e que prova da fidelidade do Senhor ela alcançou! Há na Bíblia a história de um jovem que também teve de viver pela fé, passou por provações, mas depois foi honrado por Deus de uma forma incrível. Estou falando de José, cuja vida tem muito a ensinar aos jovens. Durante treze anos ele vivenciou experiências tremendas, ruins e boas, que o transformaram por dentro e por fora e o tornaram cada vez mais dependente e fiel a Deus. Aos 17 anos, José teve um sonho onde Deus lhe mostrou que, no futuro, ele seria superior ou chefe sobre todos.

Por ser ainda jovem e inocente, José contou seu sonho aos seus irmãos, que tinham ciúmes dele com o pai. Disso tiramos uma grande lição: quando o Pai lhe revelar bênçãos que serão derramadas sobre sua vida, não compartilhe com qualquer um. Fale apenas àqueles que você tem certeza de que torcem e intercedem por você.

O resultado de tanto ciúme e rancor de seus irmãos foi a atitude cruel de jogarem José em uma cova e depois vendê-lo como escravo a uma caravana que ia para o Egito. Mas José não murmurou nem se tornou rancoroso. Ele continuou fiel a Deus, que sempre estava com ele. José mostrava a presença do Senhor em tudo em sua vida. Ao longo de sua vida, sempre foi fiel a Deus e a seus superiores hierárquicos. Na casa de Potifar, onde rapidamente se tornou o administrador de todos os bens deste, José foi-lhe leal, e fugiu do pecado do adultério e da traição. Esse jovem soube se posicionar e fugir da aparência do mal.

Vivemos dias em que palavras como caráter, honestidade e fidelidade parecem estar "fora de moda" para alguns. Aquele que diz honrar a Deus, mas desonra as pessoas, demonstra falta de amor e de integridade. Que você seja como José: ainda que ninguém esteja vendo, tenha um coração que rejeita o que é mau, seja leal, verdadeiro e honesto diante de Deus e dos homens. Honre seus pais, seu cônjuge, seus filhos, seu pastor, seu patrão, honre todas as pessoas, até as desconhecidas, porque isso é testemunho da vida de Jesus em você. José se manteve íntegro por onde passou, e por isso a presença e as bênçãos do Pai jamais o deixaram.

José foi injustiçado na casa de Potifar e lançado na cadeia real. A Bíblia diz que Potifar percebeu desde o início que o Deus de José estava com o jovem escravo e o fazia prosperar em tudo que realizava, daí Potifar tê-lo tornado seu administrador geral.

Potifar temeu a Deus por causa do testemunho de vida de José. Por pior que tenha sido ir para a cadeia, ela foi um livramento de Deus para José, que poderia ter sido morto na casa de Potifar. Às vezes não percebemos coisas assim. Quando estamos vivendo um momento desfavorável, gostaríamos que Deus fizesse isso ou aquilo, mas não percebemos que aquele acontecimento é temporário e que é uma ação da parte dele para o nosso bem; mesmo que seja diferente do que imaginávamos, Ele está nos preparando para algo melhor.

José sabia disso e entendeu o recado de Deus. Por isso, não murmurou nem se revoltou. Ele não ficou dizendo: "Poxa, Deus me deu aquele sonho, eu acreditei nele, achei que seria poderoso, acreditei na promessa... mas agora estou nesta prisão e vou morrer aqui!" Ele não ficou se lamentando, não deixou de crer nem declarou que a promessa de Deus havia falhado ou não se cumpriria. Ele aceitou a vontade de Deus, confiou nele, ficou em espírito de oração e esperou.

Precisamos aprender que há momento de apenas nos calar e orar, falar só com Deus, declarar que continuamos crendo e esperar. Na prisão, José ficou mais próximo do Senhor, com coração humilde e dependente dele. José também prosperou, pois o chefe do cárcere também percebeu a presença de Deus em José e o pôs como uma espécie de subchefe.

Na prisão, José então conheceu um copeiro e um padeiro do rei que também foram presos e interpretou os sonhos deles, acontecendo exatamente o que ele revelou. O copeiro, dois anos depois, foi usado para levar José à presença de faraó a fim de interpretar o sonho deste. Quando José foi levado à presença do rei, ele já estava completamente preparado por Deus para assumir uma posição de liderança e lidar maduramente com o poder e o dinheiro. Isso fica claro na resposta que ele dá ao faraó: Deus daria solução para resolver o problema do rei.

Como o coração de José era lindo e dependente de Deus! Ele poderia ter dito: "Sim, faraó, eu tenho grandes poderes que Deus me deu desde a minha adolescência. Confie em mim e o senhor verá que revelarei seus sonhos." Não! José foi humilde em reconhecer na frente daquele rei que nada dependia dele, mas de Deus. O Senhor quer abençoá-lo, mas será que você está pronto para lidar com as bênçãos que Ele tem para você? O que aconteceria se Deus mudasse sua vida em um instante como fez com José? Em um momento, ele era um prisioneiro; horas depois, estava diante do faraó; e pouco depois foi elevado a governador de todo o Egito.

José também demonstrou humildade e bondade ao dar toda a estratégia de como o faraó devia agir nos sete anos de fartura que estavam por vir e nos sete de fome, mas José não se ofereceu para executar o trabalho — ao contrário, sugeriu que faraó achasse um bom administrador para executar tal tarefa. Sabe qual foi a resposta do rei?

O faraó reconheceu que Deus estava com José. Mesmo depois que se tornou poderoso, o segundo maior homem do Egito ficando abaixo somente do próprio rei, José não se deslumbrou, não se deixou levar pela riqueza e pelo poder, mas se manteve humilde, fiel a Deus e leal a todos.

José não era vingativo, não ficou pensando: "Agora, vou atrás de Potifar e daquela mulher dele e acabar com os dois. Depois, vou atrás dos meus irmãos!" Ele seguiu em frente e foi executar brilhantemente a missão que Deus lhe confiara de salvar não só o Egito, mas boa parte do planeta. Anos mais tarde, já no tempo da fome sobre a terra, José reencontrou seus irmãos. Poderia ter se deixado levar pela mágoa, tristeza, revolta e vingança (até porque suas vestes ricas e aparência de soberania tornavam-no irreconhecível), mas agiu com sabedoria e compaixão, e só depois que reuniu toda sua família revelou-se e provou seu perdão e amor.

É isso que precisamos aprender: o que passou, passou. Não fique nutrindo sentimentos de rancor e vingança, não maquine nada. Se alguém o feriu, foi injusto, cruel ou o prejudicou, perdoe e apegue-se a Deus, pois dele procedem todas as bênçãos que podem transformar sua vida. José podia ter-se tornado um arrogante, pois era senhor sobre todo o Egito, o maioral, o governador de uma espécie de "Estados Unidos" da época. No entanto, ele aprendera com as lutas da vida que todas as coisas pertencem ao Senhor, o único digno de glória. José não abandonou o amor, não deixou que o poder e as riquezas o tornassem frio ou um mau filho.

Muitas pessoas abençoadas, prosperam, chegam ao auge do sucesso neste mundo, mas se esquecem dos pais, tornam-se ingratos, abandonam a família e não dão mais valor aos amigos, à igreja e a todos que o ajudaram. José era um sonhador, um jovem de visão que foi construindo uma história de sucesso, mas não abriu mão de sua essência e simplicidade, de seu relacionamento com Deus e com a família, não deixou de ser um bom filho.

José aprendeu sobre perdão com sua própria família, pois viu seu pai, Jacó, e seu tio, Esaú, perdoarem-se e se reconciliarem depois de anos de afastamento. Ele aprendeu entre os seus sobre arrependimento, perdão, reconciliação e amor. O que você tem ensinado a seus filhos? Tem demonstrado esse coração humilde, bondoso, perdoador e compassivo diante daqueles que o ofendem, ou rancor, mágoa e amargura?

José não perdeu sua essência pelo caminho, não deixou que as riquezas e a cultura do Egito mudassem seu coração. Ele continuou a ser o mesmo rapaz que aprendera com seu pai, Jacó, sobre arrependimento, obediência e submissão a Deus, e sabia que tudo o que possuía materialmente era apenas acréscimo do Senhor. As experiências que vivenciou, as escolhas que fez ao longo da vida e sua decisão de ser incondicionalmente fiel a Deus geraram uma comunhão inabalável entre José e o Senhor, e lhe mostraram que tudo neste mundo é passageiro. Tanto as dores quanto as alegrias, as derrotas e as vitórias, tudo passa. Só a Palavra de Deus permanece eternamente.

Nas lutas e humilhações, escolha andar com Deus

José honrava a Deus no pouco ou no muito, na pobreza ou na riqueza, na humilhação ou no poder porque seu amor e sua lealdade a Ele estavam acima de todas as coisas. José glorificava a Deus com sua vida, e todos viam que o poder do Senhor sobre ele. Por isso, Deus o foi exaltando mais e mais de uma forma extraordinária. José passou por várias etapas em sua vida, mas não murmurou nas ruins. Ele se manteve humilde e confiante em Deus, soube esperar, passar por cada etapa e vivenciá-las com sabedoria porque se agarrava ao Senhor e às suas promessas. Cada detalhe da vida desse jovem é uma lição para nós.

Na construção de nossa história, também passamos por várias etapas. Não vamos deixar a desejar em nenhuma delas. Vamos perceber o cuidado de Deus, glorificar em vez de reclamar. Cuidado com suas palavras, com "achismos". Não se deixe levar pelas emoções e murmurações. Honre a Deus na alegria ou na dor, na abundância ou necessidade, nas vitórias ou derrotas. Em todo momento honre ao Senhor, confie nele e em suas promessas.

Fique alerta também para não cometer o erro de esquecer de quem dá a você todas as coisas. Quando Deus o colocar em uma alta posição, não deixe de ser humilde e não seja desleal a Ele e às pessoas. Não se esqueça do Senhor quando for abençoado e conquistar os seus sonhos. Não se afaste dele nem se deixe levar por nada deste mundo.

Você é como José, um jovem especial, cheio do Espírito Santo e da Palavra de vida que outros jovens tanto precisam conhecer para serem realmente felizes. José não servia por obrigação, não fazia nada com peso ou murmuração, não se escondia no servir, mas fazia o seu melhor porque amava a Deus. Muitos se escondem no serviço na casa de Deus, mas trabalham com murmuração e críticas. Não faça isso, ame servir verdadeiramente ao Senhor de todo o seu coração. Faça tudo com gratidão, amor e entendimento.

Quando realmente servimos a Deus, somos fortalecidos por Ele, mesmo que sejamos perseguidos, humilhados, injustiçados e obrigados a ficar distantes de quem ou do que amamos. Alguns se desviam do Senhor só porque recebem uma repreensão ou correção na igreja. Outros não se afastam, mas ficam amargurados, nutrindo mágoa no coração. Imagine se tivessem passado pelo que José passou. Quantas situações terríveis José enfrentou dos 17 até os 30 anos. Pela visão humana, ele tinha motivos suficientes para ser rancoroso, revoltado, murmurador, triste, amargurado e até magoado com Deus. José tinha razões para ter pensamentos ruins e atitudes rebeldes contra o Senhor. Contudo, ele *escolheu* viver submisso e obediente ao Pai,

---

José tinha razões para ter pensamentos ruins e atitudes rebeldes contra o Senhor. Contudo, ele escolheu viver submisso e obediente ao Pai, confiando que a promessa se cumpriria.

confiando que a promessa se cumpriria. José não questionou o tempo de Deus — apenas foi fiel e esperou.

José foi um jovem equilibrado e sábio, que sabia sair das situações difíceis e das armadilhas. Hoje Deus também tem levantado jovens cheios da sabedoria do alto, que resistem aos dias maus e não se entregam, não seguem ventos de doutrinas nem se abalam por qualquer coisa, e tudo isso porque conhecem a Palavra de Deus.

Seja qual for sua luta, seu desafio ou sua dor, declare que você vai conseguir resistir pela fé, lealdade e amor a Deus e sairá vitorioso no final. Você é inteligente, tem sabedoria do Senhor, criatividade e encontrará as estratégias para cada situação adversa porque Deus é com você como era com José. Ele o fará prosperar em tudo, mesmo em meio aos problemas. Ele vai dar as respostas e conduzir sua vida. Esta é uma geração de jovens que buscam a sabedoria, santidade e excelência, que são ajuizados, fortes e sabem quem são em Cristo para fazerem a diferença neste mundo.

Quando José foi elevado ao cargo mais alto do Egito, só ficando abaixo do rei, não se deixou levar pela soberba, que é condenada por Deus. Você pode passar por diversas situações difíceis, mas se permanecer fiel a Deus, conseguirá seguir em frente e também não se desviará jamais.

NAS CONQUISTAS, ESCOLHA VIVER PARA DEUS

"Moro na cidade de Sarandi (PR). Há dois anos, eu já estava prestes a receber minha grande bênção, uma casa própria, mas algo deu errado e parecia impossível que eu conseguisse realizar esse sonho. Mas Deus me provou que, quando Ele quer, nada impede porque é o Deus do impossível, basta você clamar a Ele. Naquela época, sempre que ouvia a música Ressuscita-me. *Eu a cantava como se fosse uma oração, que foi atendida milagrosamente. Hoje, moro na minha promessa, no meu sonho, para a glória de Deus."*

Elaine Nogueira

Não são todos que sabem ser gratos e glorificam a Deus pelas vitórias. A obediência e fidelidade de José só acrescentaram bênçãos à sua vida, pois, na hora certa, o Senhor cumpriu sua promessa para a vida de José e mudou completamente sua sorte, transformando-o de presidiário a governador de todo o Egito (na época, a maior nação do mundo). Temos de assumir um tipo de fé em Deus que nos faça obedecer a Deus sem questionar o porquê disso ou daquilo, confiando que à frente vamos entender todas as razões. Precisamos vivenciar um tipo de comunhão com o Pai e uma sensibilidade tal que baste nos falar uma só vez para lhe obedecermos.

Infelizmente, por vezes, o Senhor tem de falar uma, duas, três ou até mais vezes até que lhe obedeçamos. Ele é paciente, misericordioso e amoroso, por isso insiste e não desiste, mas lembre-se: tudo tem um preço, uma consequência. É maravilhoso obedecer à voz de Deus quando Ele fala ao nosso coração, quando lemos a Bíblia ou ouvimos alguma mensagem de um líder, pois isso acrescenta bênçãos à nossa vida.

Muitos tentam justificar suas escolhas ruins, seus erros, vitimando-se ou culpando pessoas, mas, diante do Senhor, nada disso é justificável, pois seu amor e sua graça têm de nos bastar. Se José tivesse passado todos aqueles anos nutrindo pensamentos negativos, ele não seria capaz de se tornar o grande estrategista e brilhante administrador que se tornou. Não teria ideias brilhantes na hora certa nem seria tão inteligente, pois a mente que alimenta pensamentos ruins adoece o corpo, as emoções e o espírito.

Não importa como foi sua infância, adolescência e juventude, nem o que tem passado hoje. A partir do momento em que escolheu viver com Cristo, as coisas antigas ficaram para traz e tudo se faz novo.

> Finalmente, irmãos, tudo o que for verdadeiro, tudo o que for nobre, tudo o que for correto, tudo o que for puro, tudo o que for amável, tudo o que for de boa fama, se houver algo de excelente ou digno de louvor, pensem nessas coisas.
>
> (Filipenses 4:8)

Então, prossiga para o alvo, concentre-se no fato de que Jesus o ama.

Hoje você pode decidir ser um jovem ou um adulto diferente, alguém que sabe ser superior às coisas mesquinhas deste mundo, que sabe amar e perdoar. Escolha ter um coração como o do próprio Deus, decida perdoar, amar e se preparar em Deus para esse tempo. Isso não só abençoará a vida de muitas pessoas, mas também (e acima de tudo) a sua própria vida, que será leve, sem rancores e cheia de paz e alegria. Liberte-se do passado se ele ainda o aprisiona, santifique-se, viva como a Bíblia orienta, e Deus o preparará para realizar grandes coisas que marcarão sua vida e a de muitos ao seu redor.

Tempo de agir

Muitas pessoas, quando chegam à meia-idade ou mesmo quando estão um pouco mais velhas, pensam que o tempo delas acabou neste mundo e a utilidade que tinham para a sociedade e para Deus chegou ao fim. Isso é uma grande mentira para paralisá-las. O desejo e propósito de Deus para a nossa vida permanece inalterado desde que nascemos. Ele quer sempre manter íntima comunhão conosco para que, revitalizados e cheios de fé, alcancemos muito com o vigor e a preparação que Ele nos dá. Para Deus não há idade, todos são úteis. Basta estar disponível para Ele.

O Senhor tem falado a todo aquele que deseja a ser útil em seu Reino e a receber o novo que Ele sempre tem para dar. Crianças, jovens, adultos, idosos, não importa — o Senhor instrui e fortalece todos que estão atentos à sua voz e dispostos a dizer:

Eis-me aqui. Envia-me!

(Isaías 6:8)

Em junho de 2015, tive o privilégio de visitar um centro de reabilitação, Ministério Restaurando Vidas, que cuida de dependentes químicos. Jubert e Vera, os missionários líderes daquele local, contaram-me como tudo começou. Ele é um ex-dependente químico, mas Deus mudou sua história de vida depois dos 50 anos. Então, apaixonado por Jesus, Jubert só pensava em uma coisa: ser útil para Deus, anunciar que Jesus transforma, ajudar outros a encontrar o caminho de volta e serem também libertos. Como pude sentir a presença de Deus naquele lugar lindo!

Conversando com aqueles missionários, ouvindo sobre os desafios que enfrentaram para a implantação do centro de reabilitação e os desafios que ainda enfrentam no dia a dia, eu só pensava em uma coisa: eles veem os milagres do Senhor todos os dias. As histórias que me contaram sobre as providências de Deus, os voluntários que o Senhor vai mandando para ajudar e as transformações que Deus realiza ali me deixaram impactada. Pessoas que chegam arrasadas, arrebentadas pelos vícios, mas são curadas por Jesus, recebem um novo espírito, uma nova fisionomia e uma nova vida.

Tudo naquele local é para a glória de Deus, tudo é pensado antes de ser executado. Na sala de TV, por exemplo, são exibidos filmes, estudos e documentários que apresentam lições de vida, força para que os internos se recuperem e aprendam os princípios e valores da Palavra de Deus. Eles sabem que não há tempo a perder, pois cada segundo é um investimento que se pode fazer em uma vida.

Tantas pessoas ali desacreditadas de si mesmas, desvalorizadas por amigos e até familiares, que ouviram muitas palavras negativas como: "Você não vai conseguir porque já tentou outras vezes", mas que estão entendendo a importância que têm para Deus e sendo transformadas por seu poder. Aqueles dependentes e ex-dependentes químicos percebem o amor de Deus e entendem quanto Ele acredita neles e lhes dá valor. Amanhã certamente serão levantados e usados por Deus para ajudar a libertar e restaurar outras vidas, assim como Jubert e Vera hoje são pessoas privilegiadas por vivenciar os milagres de Deus.

Sempre há os que não creem, os pessimistas, e esses realmente não recebem porque não creem. Mas aqueles que persistem, que perseveram em crer que o milagre pode e vai acontecer, veem realmente ele se concretizar. Tudo no Ministério Restaurando Vidas só foi possível acontecer porque um casal se dispôs a isso, não ficou pensando que era hora de se aposentar e parar. Por causa da sinceridade e disposição deles, o Senhor os tem abençoado e capacitado, e já estão até criando uma expansão do centro de reabilitação para que consigam ajudar mais pessoas. Deus investe em quem crê e se dispõe por amor a Ele e ao próximo.

É tempo de não perder tempo. É hora de honrar a Deus com nossa vida e nossos talentos, de nos submeter, levantar com ousadia e anunciar o amor de Deus. Vamos fazer tudo o que é para ser feito, porque a vida passa rapidamente. A vida é como a flor que brota, mas logo murcha. Vamos nos posicionar neste tempo, andar como reis e sacerdotes nesta terra como pessoas preparadas pelo Senhor para que se realize tudo aquilo que o Pai quer fazer. Estejamos disponíveis, firmados na Palavra e prontos a servir.

Vamos despertar!

"Eu e meu esposo estamos casados há quase trinta anos e temos dois filhos. Em 2011, contudo, nosso casamento quase acabou por causa de traição. Lutei por minha família em oração, chorei muito aos pés de Jesus, clamei, tive de lutar contra a incredulidade e a voz do inimigo que me dizia que eu não venceria. Naquela época, o que também me ajudava era todos os dias escutar as músicas do CD Caminhos de milagres, pois me agarrava às letras crendo que haveria um milagre em meu casamento.

Meu esposo se arrependeu e tem me provado no dia a dia que me ama. Eu descobri em mim uma verdadeira fé em Deus que eu não conhecia e o perdão que o Senhor move em nosso coração, tirando completamente a mágoa e a raiva. O Senhor sempre faz o melhor para nós e nos ampara nos momentos difíceis. Ele permitiu que meu casamento ruísse, mas quando este se reergueu, ressurgiu mais forte. Às vezes não entendemos o propósito de algumas coisas ruins que nos acontecem, mas Deus sabe de todas as coisas. No meu caso, acho que serviu para resgatar meu esposo e minha família para um firme propósito com Deus, além de reacender a chama da paixão entre mim e meu marido. Pretendemos com a graça de Deus ficar bem velhinhos juntos."

Vera Lucia de Quadros Carvalho

Deus está fazendo com que as escamas dos olhos caiam, para que todos vejam o que representam para Ele, o quanto são amados e especiais. Somos únicos para nosso Pai celestial, e Ele tem um projeto de vida lindo de vitória para cada um de nós. Deus deseja que sejamos filhos da luz, pessoas transparentes e autênticas, que não têm nada a esconder. Nossa vida deve ser um livro aberto, em cujas páginas os outros possam ver fidelidade, amor e esperança.

Quando criou você, Deus o fez com o pensamento de que fosse um conquistador e dominasse todas as coisas. Então, você pode ter domínio sobre sua vontade, seus desejos, seus pensamentos, suas decisões o que fala, vê, ouve e pensa. Você também pode dizer "não" ao orgulho, à vaidade, soberba e tudo que entristece a Deus. Fomos criados para dominar sobre todas as coisas aqui nessa terra, viver como príncipes e princesas, como filhos de Deus.

Não viva distante da glória de Deus. Posicione-se como filho dele aqui nesta terra, obedecendo ao que Ele diz. É muito importante não colocarmos Jesus e tudo aquilo que é tão precioso de Deus, como sua Palavra, na mesma esfera deste mundo. Temos de viver acima de tudo isso, porque o Senhor nos quer em lugares altos. Não se afaste das coisas eternas, das coisas espirituais, não deixe de ouvir e ter comunhão com Deus. Uma decisão que você toma pode mudar toda sua história de vida.

Você é livre, tem amor, perdão, direção e vitória garantidos por essa graça extraordinária, tudo isso porque as misericórdias do Senhor não têm fim. Creia e vivencie essa graça maravilhosa. Receba de Deus o amor sem fim e o doe também a outros que, em trevas, escravizados pelo diabo, ainda não sabem o que lhes espera na luz de Cristo.

Não há idade para fazer a obra de Deus. Você, ancião, tem um legado para deixar às gerações futuras. A energia não se estabelece no corpo, mas na alma e no espírito, na disposição mental, espiritual e física para realizar a vontade de Deus. Essa é uma geração de anciãos que está conquistando e aproveitando o melhor do hoje, que ainda é forte e, mesmo já madura, sabe que ainda pode ter os sonhos de Deus. Não importa sua idade, Deus quer usar você para fazer diferença neste mundo.

Precisamos tirar da mente pensamentos imobilizadores, ideias engessadas de que estamos velhos e não somos mais úteis. Não! O Senhor quer usar todos, crianças, jovens, adultos e idosos, pois cada um tem o seu alcance e pode ser usado de uma forma. Vovô e vovó, vocês têm uma importância muito grande na vida de seus netos, de sua família, na igreja e comunidade. Agora vocês têm mais tempo livre e são muito úteis para servir a Deus e ao seu Reino. Podem ajudar em trabalhos voluntários, contar histórias para crianças, servir com todos os talentos que o Senhor os dotou. Não importa o que outros vão dizer, viva pela fé, creia que coisas grandes vão acontecer se você obedecer ao "vá" de Jesus.

Vamos aproveitar o tempo que Deus nos tem dado para fazer a nossa parte, trazer o Reino dele às pessoas e levar o seu amor a todas elas. Fazemos parte de uma geração desafiadora, que rompe as barreiras pela fé e está promovendo o Reino de Deus neste mundo, usando todos os recursos e todas as pessoas para anunciar o Evangelho. Somos uma geração que deixará um legado e fará a diferença. Testemunharemos grandes coisas acontecerem em nossa vida e na de muitos ao nosso redor porque perseveraremos na fé.

Quando alguém se dispõe a ser útil, Deus o usa e milagres acontecem. Não existe idade limite para que sejamos úteis a Ele. O tempo é o hoje, o agora, enquanto se tem fôlego de vida. O que Deus espera encontrar são pessoas dispostas a falar a linguagem do amor, que se disponham a ser usadas e anunciem apaixonadamente a fé, a esperança e a salvação em Jesus para que muitos sejam transformados.

> *Quando alguém se dispõe a ser útil, o Senhor o usa e milagres acontecem. Não existe idade limite para que sejamos úteis no Reino de Deus.*

Estamos neste mundo para testemunhar o amor de Deus, anunciar a salvação em Cristo, orar pelas pessoas e abençoá-las. Sua mente, sua boca, suas mãos, seus pés, enfim, toda sua vida, são instrumentos nas mãos do Pai.

Deixe Deus usar você, não se preocupe com mais nada. Ele vai prepará-lo e usá-lo como quiser. Apenas se disponha e se mantenha firme na fé, em obediência e humildade, alicerçado na Rocha, que é Jesus. Guarde em seu coração a Palavra de Deus e suas promessas. Não olhe as circunstâncias nem dê ouvidos às vozes que tentam nos enganar e nos desviar dos caminhos de Deus. Não importa se você tem 70, 80 ou 90 anos, também não importa se é ainda muito jovem. O Senhor hoje quer usar você para derramar sua graça extraordinária em nossa nação. Não espere que o mundo gere esperança nos corações, não espere justiça, amor e compaixão de pessoas que não servem ao bom Pastor. Vamos nos posicionar neste tempo como reis e sacerdotes de Deus, preparados para anunciar seu amor e sua salvação.

Eu quero ser um canal de bênçãos por onde passar. Quero ter um coração que ama as pessoas, como Deus me ama. Desejo viver pela fé, e, porque creio, verei acontecer coisas grandiosas da parte de Deus em minha vida e por meio de mim. Eu quero receber os milagres de Deus e abençoar muitos com o meu testemunho. Que Ele dê a você graça e sabedoria para ser um instrumento para edificação de muitas pessoas.

A graça em ação

"Sempre tive uma vida muito disciplinada e regrada porque sou militar da Marinha. No ano 2000, eu estava servindo em um navio e [...] ouvia os louvores de Aline Barros, em especial, a música que diz 'Fico feliz em vir à tua casa, erguer minha voz e cantar'. Aquela música mexia comigo e comecei a dar lugar ao Espírito Santo. Hoje, eu e minha esposa somos de Jesus, e nossos quatro filhos têm crescido em estatura e no conhecimento da graça do Senhor. Não tenho dúvidas de que muitos louvores traduzem o perfeito amor de Deus e são usados para alcançar muitos para Cristo. Que Deus abençoe seu ministério!"

Márcio Henrique Castelo Branco

10

GRAÇA QUE SALVA

Estou orando pra cair por terra toda maldade
E que se levante
Um povo que anda em santidade
Que não deixa esfriar o amor no coração

O céu já recebeu Jesus quando Ele subiu para ficar à direita do Pai. Agora Ele conta com sua igreja para que ajudemos as pessoas a recebê-lo como Senhor e Salvador em seus corações e em suas vidas. Tudo o que mais quero fazer nessa vida é erguer o nome de Jesus, anunciando às pessoas as boas notícias da salvação que somente Ele pode realizar. O Reino de Deus é composto de pessoas apaixonadas por Cristo, que não se conformam com as mentiras, não têm medo de falar a verdade e anunciar Jesus.

Esta é a geração que faz a diferença, que serve na igreja e na sociedade com alegria, integridade, responsabilidade e amor, que testemunha com ousadia o Caminho, a Verdade e a Vida, pois ninguém vai ao Pai a não ser por Jesus.

Precisamos estar prontos para dar às pessoas o que elas precisam: Jesus! Há séculos o mundo procura encontrar a felicidade no sucesso, no poder, no dinheiro, no desenvolvimento científico e em muitas outras coisas, mas o resultado é frustração, pois nada disso traz felicidade. Tudo isso é muito bom quando a raiz está em Jesus, o único que pode realmente gerar paz e alegria além do nosso entendimento e das circunstâncias.

Quando nos entregamos sem reservas ao Senhor, nosso louvor é recebido no céu e nosso trabalho não é em vão. Nada passa despercebido aos olhos do Pai, tudo o que fazemos para exaltar o nome de Jesus neste mundo será recompensado por Deus com bênçãos espirituais e materiais. Nosso maior alvo neste mundo tem de ser anunciar sem temor a Palavra de Deus, vivenciando essa verdade plenamente.

Quem deve anunciar

"Nasci em Nova Esperança (PR), fui criado em Aquidauana (MS), mas cursei universidade em Campo Grande no ano de 1997. Fui morar no pensionato de [um casal] para estudar, e mal entrei na casa, ouvi: 'Jesus te ama!' Fiquei impressionado, pois nunca havia visto alguém pregar tão rápido o Evangelho e falar com tanta naturalidade. Além disso, assim que entrei no quarto do pensionato, ouvi a canção Consagração, que estava tocando em outro quarto, e ela logo tocou profundamente meu coração. No dia seguinte, fui à igreja com [o casal] e saí impressionado, pois nunca tinha visto um culto como aqueles, com tantos adultos, jovens e crianças louvando a Deus com tanto fervor. No domingo seguinte, voltei à igreja e entreguei minha vida a Jesus. Considero a música Consagração meu hino de fé, e por isso sempre gosto de ouvi-la. Nunca mais me afastei de Jesus. Sou casado. Tenho dois filhos e vivo para a glória de Deus."

Anônimo

Feliz é todo aquele que se deixa impactar pelo Evangelho e o reproduz em sua vida. Às vezes, pensamos em evangelização como algo difícil, que cabe apenas àqueles que estudam Teologia ou se preparam especificamente para isso. A Bíblia ensina que as boas notícias da salvação em Cristo devem ser anunciadas por todos que um dia receberam Jesus como Senhor e Salvador e viram sua vida ser transformada — aqueles que, cheios de gratidão e paz no coração, não conseguem guardar só para si essa alegria e querem anunciá-la a todas as pessoas.

Quando alguém recebe uma boa notícia, alcança alguma vitória ou livramento, quer logo anunciar a todo mundo, não é mesmo? Estão aí as redes sociais que não me deixam mentir, pois diariamente as pessoas postam fotos de momentos agradáveis ou coisas que as deixaram felizes, compartilhando com "o mundo" aquilo que consideram uma boa-nova. É exatamente isso que acontece também quando temos essa certeza de que, em Jesus, alcançamos a maior de todas as bênçãos: queremos falar do amor de Deus que nos alcançou, perdoou, transformou e salvou.

Para aqueles que realmente já tiveram um encontro impactante e transformador de vida com Jesus, anunciá-lo às pessoas não é uma opção, mas uma missão. Como filhos de Deus, devemos avançar sem medo, pois Ele nos capacita:

> Não se preocupem quanto ao que dizer, ou como dizê-lo. Naquela hora lhes será dado o que dizer, pois não serão vocês que estarão falando, mas o Espírito do Pai de vocês falará por intermédio de vocês.
>
> (Mateus 10:19-20)

Podemos ser usados por Deus para falar a uma multidão ou indivíduo, não importa. O que vale é nossa atenção à voz dele e prontidão para responder: "Eis-me aqui. Envia-me!". O que importa é atender à ordem de Jesus, que nos mandou ir por todo o mundo e anunciar a todas as pessoas a sua mensagem de amor e salvação.

Deus nos usa no dia a dia, no trabalho, na escola ou universidade, em filas de espera, nos transportes coletivos, quando estamos com os amigos, parentes e vizinhos, enfim, em qualquer lugar e em todo tempo, desde que estejamos disponíveis e atentos. Vamos anunciar sem medo, pois nossa boca é enchida pelo Espírito Santo.

A Bíblia é a resposta para tudo na vida. Ela mostra a verdade porque é como um espelho que revela quem realmente somos e o que Deus tem para nós. É por meio dela que conhecemos o Senhor, entendemos em que precisamos mudar, adquirimos fé e recebemos as promessas de Deus. Como, então, não anunciaríamos isso a todos? As pessoas estão doentes. Jesus é a cura para elas. O sacrifício representa hoje o mero ritualismo religioso, sem amor por aqueles que estão deixando este mundo sem receberem Jesus como Salvador.

Quem pode ser misericordioso? Só quem tem um coração arrependido e transformado pela Palavra de Deus. O Senhor abomina a mera religiosidade. Ele busca adoradores que o adorem em espírito e em verdade.

Não podemos permitir que a chama do primeiro amor se apague em nós. Precisamos anunciar com ousadia a Palavra de Deus. Somos templos do Espírito Santo, ministros do Evangelho, embaixadores de Cristo, reis e sacerdotes do Senhor neste mundo, árvores plantadas junto a um ribeiro para darmos frutos. "Somos geração eleita, sacerdócio real, nação santa, povo exclusivo de Deus, para anunciar as grandezas daquele que os chamou das trevas para a sua maravilhosa luz.

Pelo poder de Deus

No dia de uma festa judaica chamada Pentecostes, os discípulos estavam reunidos em uma casa com outros seguidores de Jesus. Eram uns 120 ao todo. Quando menos esperavam, veio do céu um som muito forte e se espalhou pelo local, e então algo parecido com línguas de fogo pousou sobre cada um deles. Era, na verdade, a presença do Espírito Santo de Deus. Com isso, eles começaram a falar línguas que não conheciam. Mas alguém iria entender. Acontece que Jerusalém estava cheia de judeus e de convertidos ao judaísmo nascidos em diversas partes do mundo, os quais estavam ali por causa dos ritos religiosos da festa. Quando aquelas pessoas ouviram o som forte que veio do céu, provavelmente ficaram assustadas e curiosas, e, por isso, se reuniram onde o som havia acontecido. Sabe o que aconteceu? Aquelas pessoas começaram a ouvir os discípulos falarem nos idiomas das nações onde elas haviam nascido, e ficaram muito impressionadas com isso.

Alguns começaram a zombar e dizer que os apóstolos estavam bêbados. O apóstolo Pedro então se dirigiu à multidão e disse que os discípulos não estavam bêbados, mas, sim, cheios do Espírito Santo de Deus. Na verdade, eles estavam cumprindo uma antiga profecia, que falava exatamente da vinda do Espírito Santo.

Sempre usando as Escrituras para comprovar o que estava falando, Pedro pregou o Evangelho àquelas pessoas, anunciando-lhes que só há salvação em Jesus. Quando tomaram conhecimento de que Jesus era o Cristo, o Messias que há tanto tempo esperavam, aquelas pessoas ficaram aflitas, e queriam saber o que fazer. Pedro então lhes disse que deveriam se arrepender de seus pecados; depois disso, também receberiam o Espírito Santo, assim como os discípulos.

O final desse lindo acontecimento bíblico foi que cerca de três mil pessoas foram batizadas e se tornaram seguidoras de Jesus. Você pensa que parou por aí? Não! Pouco tempo depois, Pedro e João foram ao templo às 3 horas da tarde para orar. O templo possuía várias portas de entrada. Em uma delas, chamada Formosa, sempre colocavam um aleijado de nascença ali para pedir esmolas, e, justamente naquela hora, o aleijado estava sendo posto ali.

Quando viu Pedro e João, o deficiente pediu-lhes esmola, mas os dois apóstolos olharam bem para ele e lhe disseram que tinham algo melhor para oferecer. Então, em nome de Jesus, eles ordenaram ao paralítico que andasse, e o milagre aconteceu: o homem foi curado, deu um salto e ficou de pé na frente de todos. Ele fez de tudo: andou, saltou e louvou a Deus.

Você imagina o alvoroço que aconteceu ali quando o povo viu aquele aleijado ser curado? A multidão perplexa começou a seguir Pedro, João e o ex-aleijado para o pátio do templo. Então os apóstolos não perderam a oportunidade de anunciar o melhor de tudo: a salvação em Cristo. Logo surgiram os religiosos invejosos da época e o capitão da guarda do templo, que ficaram irados porque o povo estava maravilhado, ouvindo sobre o Evangelho. Tentando impedir a obra do Senhor, aqueles religiosos mandaram prender Pedro e João, mas ninguém impede a ação de Deus, e naquele momento cerca de cinco mil pessoas se converteram a Jesus.

Pedro não tinha prata nem ouro, mas tinha fé, ousadia e confiança total no poder do Espírito Santo sobre ele. Temos de estar prontos a oferecer às pessoas aquilo que elas mais precisam — a salvação. Cristo não nos enviou a este mundo para ficarmos à toa, mas para pregar o evangelho.

Contei a você esses dois episódios bíblicos para que entenda uma coisa: quando uma pessoa se dispõe a anunciar o Evangelho, o poder de Deus desce sobre ela para que anuncie com autoridade e poder. Não tenho dúvida alguma de que, ao abrirmos nossa boca, Deus age de modo maravilhoso e convence aquele que está ouvindo a Palavra de Deus sobre tudo o que diz respeito à salvação.

Quando uma pessoa se dispõe a anunciar o Evangelho, o poder de Deus desce sobre ela para que anuncie com autoridade e poder.

A Palavra de Deus cumprirá o propósito para o qual foi enviada.

O que temos de fazer, então? Ser obedientes e anunciar a Palavra de Deus. Vamos falar às pessoas sobre as boas notícias da salvação em Jesus. O mundo precisa ver em nós essa disposição. É preciso, no entanto, que as pessoas percebam a presença de Deus em nossa vida, pois de nada adianta falar "Eu estou com Deus; venha você também" se nossas atitudes não forem compatíveis com essa declaração. As pessoas precisavam ver em nós compromisso com a Palavra de Deus, pois isso é o que realmente faz toda a diferença.

O que as pessoas veem quando nos olham? Mais do que estar perto de Deus, precisamos estar *em Deus*, para que alcancemos a boa, agradável e perfeita vontade dele para a nossa vida. Vamos viver intensamente isso em nossa vida.

Se você se sente tímido ou envergonhado para falar de Jesus, peça a Deus que lhe dê ousadia, confiando que, na hora, o Espírito Santo lhe dará as palavras certas e o orientará a dizer exatamente o que a pessoa precisa ouvir: "Não me envergonho do evangelho, porque é o poder de Deus para a salvação de todo aquele que crê" (Romanos 1:16-17). Isso também é aventura na fé, pois muitas vezes, depois que falamos, a pessoa nos diz: "Como você sabia que eu precisava ouvir isso? Obrigado!".

Se você sente que, por algum motivo, esfriou na fé, dobre seus joelhos agora mesmo e peça a Deus que renove o amor no seu coração, e disponha-se a buscar em sua Palavra e em uma vida de oração a comunhão e a alegria dos primeiros anos de conversão. Depois, prepare-se, porque bênçãos sem medida serão derramadas sobre a sua vida para que, pelo seu testemunho, outros sejam alcançados.

O significado da cruz

Multidões seguiam Jesus em todos os lugares porque ouviam a voz do céu aqui na terra por intermédio dele. Jesus veio ao mundo para mostrar como Deus realmente é. Quem o via por ter uma ideia clara de como Deus de fato é. Hoje, nós também estamos neste mundo para apresentar Jesus, revelar quem Ele é e o que pode fazer. Somos a voz de Deus nesta geração.

Tanto pessoas simples quanto importantes seguiam Jesus, procuravam-no, patrocinavam sua missão, e todas tinham algo em comum: não o seguiam com peso, mas com leveza e alegria no coração. Não podemos seguir Jesus com insegurança, medo, complexos ou orgulho porque nada disso vem de Deus, não faz parte do seu Reino. Quem segue Jesus o faz com prazer e muita alegria no coração.

Quem ouve a Palavra de Deus e não a pratica no seu dia a dia se engana ao dizer que segue Jesus. Mostre por meio de suas atitudes de fé e santidade que você está em sintonia com Ele, que o ama e que tem seguido seus passos. Nossa vida tem de espelhar o tamanho do Deus que seguimos. Assim como o Filho de Deus se entregou por nós na cruz, devemos ter a mesma disposição de entregar nossa vida ao serviço de Deus.

A cruz é poder, e por meio dela também adquirimos autoridade para ter a vida transformada, santificada e vivificada. A cruz tem poder para destruir todo engano, medo, angústia, ansiedade, insegurança, tristeza e pecado, todos os sentimentos enganosos e fortalezas edificadas em sua mente. A cruz nos mostra o melhor caminho de todos: a submissão total ao amor de Deus em Jesus Cristo.

Para muitos, a cruz é apenas um adorno, mas para aquele que ama Jesus e quer segui-lo de verdade, ela representa vida. Os religiosos dos tempos de Jesus gostavam de fazer a ele perguntas que o constrangessem ou o pusessem em uma situação difícil ou perigosa, dependendo de sua resposta. Se fizerem a você perguntas maliciosas ou debochadas, responda com sabedoria na Palavra de Deus. O importante é anunciar de modo natural e simples o Evangelho, e o Senhor saberá que falou a verdade e agiu de acordo com os seus princípios. Ele nos dá a resposta certa para todas as questões e vai à nossa frente em todos os momentos.

Abra sua boca, fale de Jesus, não se deixe intimidar. Conte a todos as suas experiências com o seu maior Amigo, mostre a eles um Jesus que não está preso a uma triste cruz porque venceu a morte, ressuscitou, foi erguido ao céu, está vivo à direita do Pai e age em favor dos que o amam.

Pode até parecer que nos dias de hoje as pessoas não querem mais ouvir sobre Jesus, mas elas querem e buscam com expectativa ouvir aquilo que o mundo não pode lhes dar. Elas estão com o coração ardendo para que alguém lhes aponte o caminho da salvação. O mundo espera de nós palavras acompanhadas de atitudes que lhe mostrem o poder para libertá-lo da bebida, das drogas, do adultério, que mostre a salvação de Deus para essa vida e a vindoura.

Em tudo que você tocar, onde colocar os seus pés e ao abrir sua boca, que o ambiente seja transformado e haja a luz e vida de Cristo. Que você seja um instrumento de poder nas mãos do Pai para testemunhar com a sua vida a Boa Notícia de salvação que há somente em Jesus. Que você seja usado para manifestação do Reino de Deus neste mundo.

Um triplo exemplo

A Bíblia conta a história de uma família que era muito amiga de Jesus, os irmãos Lázaro, Marta e Maria. Lázaro foi aquele que morreu, mas Jesus o ressuscitou depois de quatro dias de sepultado. Marta ficou registrada na Palavra por ser uma mulher ativa e apegada ao serviço, enquanto Maria era sedenta por ouvir os ensinos de Jesus. Foi ela também quem ungiu os pés de Jesus com um rico perfume e os enxugou com os seus cabelos.

Cada um desses amigos de Jesus nos apresenta um exemplo que deve ser seguido por nós: Lázaro representa o testemunho do poder e da glória de Deus; Marta é exemplo de prontidão, serviço e fé, e Maria, de quebrantamento e adoração. As pessoas dão muita ênfase à Maria por ser símbolo de alguém submisso e pronto a ouvir a voz do Mestre, mas Marta também nos traz grandes lições sobre prontidão, serviço e fé em Jesus. Após a morte de Lázaro, quando Marta soube que Jesus estava chegando, ela saiu ao encontro dele antes mesmo que Ele e os discípulos entrassem no povoado, enquanto Maria ficou em casa chorando sua dor.

Assim que o encontrou, Marta disse a Jesus que, se Ele estivesse lá, Lázaro não teria morrido. Quando Jesus lhe perguntou se ela cria que Ele era a ressurreição e a vida, ela respondeu de maneira afirmativa. Marta era também uma mulher de fé.

Cada um à sua maneira, Marta, Maria e Lázaro nos deixaram exemplos a seguir e demonstraram valorizar a presença de Jesus. Precisamos buscar esse testemunho do poder de Deus, serviço, amor, essa fé, prontidão e adoração em nossa vida. Não podemos ser aquele tipo de pessoa que fica louvando na igreja, mas não dá testemunho no dia a dia, nem aquela que nunca está pronta para servir ao Senhor conforme o querer dele. Também não podemos ser pessoas que não têm compromisso com a casa de Deus e deixaram de adorá-lo. É preciso buscar essas três características que aprendemos com o viver desses amigos de Jesus.

Ainda que os problemas surjam, sua fé será inabalável. Temos de ser como Lázaro, cujo testemunho foi tão forte e impactante que muitos creram em Jesus e se converteram.

Não se prenda somente aos milagres poderosos que o Pai celestial já realizou em sua vida, pois Ele tem novos milagres para realizar. Pelo seu testemunho, muitos crerão que podem ressurgir e ter a vida transformada neste mundo. Eles verão e crerão que a graça extraordinária do Senhor pode curá-los, perdoá-los e realizar qualquer milagre. Que nossa história de vida seja assim impactante, um testemunho do seu poder e da sua glória. Que nossa vida atraia muitos para Jesus!

> *Pelo seu testemunho, muitos [...] verão e crerão que a graça extraordinária do Senhor pode curá-los, perdoá-los e realizar qualquer milagre.*

Invista na obra

"Sou de Olinda (PE) e louvo a Deus com minha voz desde os 5 anos, mas aos 17 fui acometido por uma disfunção vocal e fiquei cinco meses completamente afônico no ano de 2009. Fiquei em depressão, não queria sair de casa nem mesmo ir à igreja. Então, Ouvi seu CD Caminhos de milagres, que logo me tocou profundamente na alma. Deus começou a me falar a cada música, reconheci que estava errado e voltei a frequentar a igreja, confiando que o Senhor realizaria um milagre e restauraria minha voz.

Em 2010, o coral que eu fazia parte foi se apresentar em uma igreja, mas eu só fui acompanhá-los, pois não podia cantar. Quando eles começaram a cantar uma de suas músicas que mais gosto, Te adorar, Senhor, é o meu prazer, abaixei a cabeça e fiquei cantando mentalmente enquanto orava, pedindo a Deus que me curasse. Fui orando, louvando em pensamento e me enchendo de fé, até que, de repente, comecei a cantar, e minha voz saiu limpa como se nada tivesse acontecido. Para completar o milagre, minha voz voltou muito melhor, mais potente e aguda. Fiz Conservatório de Música [...] Hoje canto em vários locais, sempre para louvar a Deus, e testemunho de seu poder e milagre."

Anônimo

Glória a Deus por mais uma voz que não se calou, ao contrário, tem sido usada por Deus para anunciar o Evangelho. Esse é o propósito de Deus para a vida de todos os cristãos: que sejam usados com seus dons e talentos para glorificar o nome de Jesus e anunciar as boas-novas. A Bíblia nos conta que muitas pessoas patrocinavam Jesus e os discípulos com recursos materiais para que pudessem realizar milagres, ensinar a Palavra de Deus e anunciar a salvação. Da mesma forma, os apóstolos nos relatam em suas cartas sobre o amor, a dedicação e o investimento que os primeiros cristãos faziam na obra missionária.

Invista de verdade em conhecer e obedecer a Palavra de Deus, envolva-se com sua igreja, receba as promessas de Deus para sua vida e invista na obra com seus dons e recursos. Que lindo é ver como as pessoas investiam na evangelização nos tempos bíblicos. Elas doavam, repartiam e se dispunham com seu melhor. Invista nos projetos de expansão do Evangelho, invista em missões. Ajude com seus recursos, talentos e orações. Entre nos desafios de fé de sua igreja, ajude seu pastor, participe, patrocine o céu aqui na terra como no passado muitas pessoas também o fizeram. Demonstre comprometimento com o Reino também com seus recursos materiais.

Jesus nos enviou para pregar sua graça extraordinária que transforma qualquer situação desfavorável. Nenhuma outra religião tem a seguinte notícia de que Jesus ressuscitou dentre os mortos. Temos essa notícia linda de que Jesus ressuscitou. Vamos anunciar que Ele está vivo e é nosso Advogado junto ao Pai. Aleluia, o Filho de Deus intercede por nós lá no céu!

Tudo aquilo que o céu planejou para a Terra neste tempo eu quero viver. O Reino de Deus tem algo especial para esta geração, e eu quero fazer parte disso. Se estou aqui neste mundo, se o Senhor me deu vida, quero fazer parte desse time e ajudar a escrever a história. Quero mostrar o Pai aqui na Terra, assim como Jesus o fez com seu viver. Quero ser usada por Deus neste mundo para revelar a glória de

Deus, sua graça salvadora e suas bênçãos sem limites. Como tem sido maravilhoso vivenciar a missão que o Senhor me confiou, ver pessoas serem transformadas por suas palavras escritas ou cantadas. É um privilégio participar da obra de Deus e ver o Reino ser estabelecido neste mundo.

Onde havia lágrimas e dor, vejo o Senhor transformar a situação em alegria e paz. Tenho visto corações pesados serem restaurados e libertos, galhos secos ganharem vida pelo poder de Deus, pessoas serem transformadas no mais puro perfume que chega como cheiro suave ao Pai. Louvo ao Senhor por fazer parte disso, e você também pode fazer: basta dedicar seu tempo, seus talentos, recursos e sua boca para profetizar vida. Eu quero ver o planeta ser inundado pela glória do Senhor. Jesus não virá aqui pessoalmente dizer-lhe "faça", porque Ele já disse "vá".

Jesus veio a este mundo para mostrar o Pai. Muitos seguiram Jesus enquanto Ele esteve neste mundo. Pessoas simples, mas também autoridades. As pessoas seguiam-no porque nele estava a pura e perfeita Palavra de Deus revelada ao mundo, e elas conseguiam ouvir a voz do céu na terra. Assim também nós estamos aqui para revelar quem Ele é aos nossos familiares, amigos, vizinhos, enfim, a todos.

Que lindo é ver pessoas se dispondo hoje a patrocinar a evangelização do mundo, acreditando e investindo sementes em projetos para expandir o Reino de Deus. Vamos ajudar com alegria a patrocinar o Evangelho, pois só Jesus venceu a morte e nos dá vida com Ele.

Deus quer usar todos

Gideão foi chamado por Deus para afastar os inimigos que ameaçavam atacar o seu povo. Mas ele queria provas visíveis de que Deus realmente teria sucesso nessa tarefa. Ele tinha um pensamento pequeno, e por isso Deus precisou provar a ele que aquela batalha seria vencida, pois o Senhor ia à frente fornecendo as estratégias para isso. Gideão não parecia disposto a mudar sua mente, não achava que seria capaz de libertar o povo daquele inimigo. No entanto, quando entendeu que não estava sozinho, viu o que o Senhor pode fazer quando a pessoa age pela fé e enfrenta o desafio confiando em Deus.

Moisés foi outro grande homem que, a princípio, julgou-se incapaz para cumprir o chamado de Deus. Ele não acreditava que poderia ser um instrumento do Senhor para libertar seu povo da escravidão no Egito. Ele só concordou em assumir a responsabilidade de libertar aquele povo quando Deus falou que mandaria o próprio irmão de Moisés, Arão, com ele para ajudá-lo. Da mesma maneira que Gideão, Moisés teve de mudar seus pensamentos e obedecer a Deus. Ambos temeram à princípio a missão que precisavam cumprir, mas Deus, em sua infinita misericórdia, levou-os a ter fé e agir como deviam agir. O Senhor é bom em todo o tempo.

Às vezes também temos pensamentos assim — que não somos ninguém e nada vai dar certo. Mas a Bíblia nos mostra que, com Deus ao nosso lado, somos tudo. Somos mais que vencedores. Quando usa seus filhos, Deus muda situações difíceis em vitória e pode mudar uma geração inteira.

Somos essa geração feliz que crê nas promessas, as ouve e as pratica, e que não retrocede nem se deixa intimidar. Somos a geração que avança de fato para escrever uma história linda com Deus e testemunhar o poder do nome de Jesus. Se Deus está mandando você pregar o Evangelho ou impor as mãos e orar por alguém, não deixe que o atrapalhem pensamentos como: "E se eu pregar o Evangelho, mas a pessoa me der um 'não'? Se eu orar e não acontecer nada? Vou passar vergonha." Simplesmente obedeça sem questionar, pois a nós cabe agir, mas ao Senhor cabe realizar o milagre. Deus conta comigo e com você. Nossas mãos e pés são os de Jesus aqui na terra.

Vamos nos encher de fé para sermos usados pelo Senhor. Vamos demonstrar ao mundo uma fé inabalável em todo tempo, crendo que o impossível vai acontecer.

Andando e testemunhando

"Aos 9 anos fui à igreja com minha tia, onde ouvi a música Consagração *e me converti. Eu chorei tanto naquele momento e senti muito a presença de Deus, foi maravilhoso! Eu era uma criança, mas minha conversão foi verdadeira e para toda a minha vida. Desde aquele dia e até hoje, aos 31 anos, minha música favorita é* Consagração *porque foi a canção que me levou para o Pai."*

Sharlene Barbosa Gomes

Como falei no capítulo anterior, Deus tem chamado os pequeninos, tem mostrado seu amor às crianças e as capacitado para serem instrumentos de propagação do Evangelho. Hoje, Sharlene é uma mulher, mas um dia, quando criança, tomou a decisão mais sábia e, por isso, tem sido uma bênção para o Reino de Deus. Nada acontece por acaso, tudo tem um propósito de Deus. Vamos falar que em Cristo há amor e esperança.

Certa vez, fui ministrar em uma cidade do interior, e após o culto, no momento de confraternização, sentou-se ao meu lado uma senhora rica materialmente, que em poucos minutos me contou sobre a destruição que o diabo estava fazendo em seu casamento de mais de quarenta anos, em sua saúde física e mental. Humanamente falando, aquela mulher tinha tudo, mas espiritualmente não tinha nada. Ali mesmo eu levei uma palavra de conforto e fé ao coração dela e orei, repreendendo toda ação maligna e declarando o derramamento de um vinho novo sobre seu casamento.

Outra ocasião, eu estava em um shopping com a minha família e vi como temos de estar preparados para ser instrumentos de Deus em todo tempo. Fui ao banheiro e, inesperadamente, uma jovem falou: "Aline, eu preciso de oração. Você pode orar por mim agora?" Num primeiro momento, estranhei, pois estava em um banheiro público, mas logo disse: "Sim, posso orar", e orei pela moça. Não há tempo certo para fazer a obra de Deus, o tempo é agora.

Em outra situação, uma mulher que ia começar um tratamento de quimioterapia pediu um de meus CDs à minha secretária. Ela havia deixado o nome dela em um pedaço de papel para que eu escrevesse uma dedicatória, mas na mesma hora senti no coração não só de dar o CD com a dedicatória, mas também orar por aquela mulher. Segurei com fé e fervor no coração aquele pedaço de papel e orei pelo nome que estava nele, quebrando todo espírito de enfermidade e declarando a cura para aquela pessoa.

Teria sido mais fácil fazer só a dedicatória, afinal, ela não me pediu oração. Mas eu fui além porque obedeci ao toque do Espírito Santo em meu coração. Passados alguns meses, aquela mulher voltou para contar que Deus havia feito o milagre e ela estava curada. Não podemos aceitar o mediano, o mais fácil. Estamos neste mundo para fazer a obra de Deus, e isso inclui orar pelas pessoas.

Lembro também do dia em que uma pessoa entrou em minha loja Minha Maria para comprar um chapeuzinho para a sobrinha que iniciaria um tratamento de quimioterapia. Ela deixou um modelo reservado e disse que mais tarde voltaria para comprá-lo. Quando cheguei à loja e a vendedora me contou a situação, imediatamente senti no coração que devia ungir o chapeuzinho e orar pela criança que eu nem mesmo sabia o nome. Demos as mãos e oramos, pedindo ao Senhor que o poder dele chegasse àquela criança por meio daquele ponto de contato que estávamos estabelecendo e a cura chegasse a ela de forma especialmente poderosa. Mais tarde, a tia da menina foi à loja e demos o chapéu de presente a ela, declarando pela fé que Deus agiria e curaria a menina. Meses depois, ela também voltou para contar a bênção de que a sobrinha estava curada!

Em todos os eventos e gravações de DVD, sempre oro por aqueles que me pedem oração. Ao fim da gravação do DVD *Extraordinária graça*, uma jovem procurou-me aos prantos e disse: "Você não tem noção do que esse evento fez em minha vida. A intensidade da presença de Deus que senti hoje mudou tudo em meu coração. Eu estava afastada da igreja, mas posso dizer que já voltei. Posso dizer também que estava condenada, mas agora despertei. Eu estava longe de Deus, mas agora estou novamente perto, estou no caminho, e nunca mais vou me desviar dele."

Naquele mesmo momento, pus as mãos sobre ela e orei, pedindo a Deus que aquela semente não morresse, mas frutificasse, que nada desviasse aquela jovem novamente dos caminhos dele e que, daquela noite em diante, ela fosse sal da terra e luz neste mundo de escuridão. O Senhor quer instituir um novo tempo na vida de muitas pessoas e conta conosco para que isso ocorra.

As pessoas estão ao nosso lado clamando por ajuda, pedindo a Palavra de Deus e esperando ver em nós fé para que sejam contagiadas. O realizar vem de Deus, mas nós somos seus instrumentos e vivemos para crer. Estamos neste mundo para orar pelas pessoas, abençoá-las, levá-las à fé e alegria em Jesus. Quem vive crendo vê coisas grandiosas acontecerem na própria vida, na família, na igreja, sociedade e no país. Qual é o seu tipo de coração? Você é daquele tipo de cristão que está na igreja somente para ser abençoado ou entende que é um instrumento com propósito de abençoar neste mundo? Deus conta com o nosso testemunho de vida.

Somos instrumentos de Deus para agir em todo tempo, temos de estar preparados para isso. Vamos abençoar, orar, dar um abraço e uma palavra em qualquer lugar, em todo instante que o Espírito de Deus nos conduza. Estamos aqui como Igreja, para ser usado em sua obra, servir à nossa geração e fazer a diferença. Recebemos de Deus para repartir vida, amor, esperança, paz, alegria e tudo mais que vem do Reino de Deus.

Por fim, quero compartilhar com você o testemunho de evangelização mais lindo e importante da minha vida. Quando meu pastor, Marco Antônio Peixoto, converteu-se a Jesus, a primeira coisa que quis fazer foi anunciar esse Evagelho ao seu grande amigo: o meu pai. Eles eram amigos desde muito jovens, e até tocaram juntos em uma banda.

Por três vezes, o pastor Marco foi anunciar o Evangelho ao meu pai, e nas três vezes ele sofreu um acidente de moto (em um deles quase morreu). O diabo é sujo e sabia que a conversão do meu pai e da minha mãe faria uma revolução em nossa vida. Então, ele tentou impedir que meu pastor pregasse o Evangelho à minha família. Mas glória a Deus porque meus pais receberam Jesus como Salvador. Eu e meu irmão pudemos ser criados na igreja, e um dia também fizemos nossa opção por Cristo.

A nossa vida, o nosso testemunho é o maior evangelismo que existe, pois faz as pessoas olharem para nós e verem o brilho de Jesus refletido em nós. Quando Jesus nasceu, o brilho da estrela que anunciava o seu nascimento atraiu os sábios até a manjedoura. O brilho de Jesus em sua vida atrairá as pessoas. Eles irão querer saber qual é o seu "segredo", como você vive feliz, por que você tem esperança e alegria, apesar de o mundo ser tão mau.

Por isso o seu testemunho vale mais que mil palavras. Depois que verificarem que você é diferente, as pessoas irão querer naturalmente que você conte a elas sua experiência de vida, como Jesus o salvou, como a Palavra de Deus move em você a fé e a esperança diariamente, o modo como você reage diante das situações difíceis sem olhar para as circunstâncias. Você poderá dizer que não há coisa melhor nessa vida do que ter o coração fincado na Rocha, que é Jesus.

Se você andar com Jesus e viver com ousadia pela fé, Ele vai pôr em seu caminho situações que abençoarão muitas vidas e engrandecerão o Reino. Há coisa mais valiosa do que isso — transbordar o poder e a vida que vêm do Alto? Hoje as pessoas estão esperando receber algo especial e novo dos filhos de Deus, que vivifique e dê razão ao viver. Não há maior bem do que ter Jesus no viver, e o mundo precisa saber disso. Todas as coisas são passageiras, a vida passa muito rápido, e o mundo engana com suas distrações e ilusões. Vamos mostrar que ter Jesus como Senhor e Salvador é o que há de mais importante, é o que há de maior valor.

Os apóstolos curaram e libertaram muitas pessoas. Pedro chegou a tal grau de comunhão com Deus e consagração que até sua sombra curava. E todos queriam estar perto dele. Semelhantemente, até o lenço de Paulo sarava as pessoas. Vamos nos propor a buscar a Deus e nos santificar a tal ponto que Ele possa nos usar como e onde quiser para que as pessoas sejam atraídas a Ele por nosso intermédio. Vamos ser canais de Deus para trazer o seu Reino a esta terra.

Não se acomode

Muitos ficam tão acostumados e acomodados com o ambiente da igreja que esquecem a adoração, a sinceridade que precisam ter diante de Deus, o coração aberto e pronto a ouvir e aprender algo novo com o Senhor.

Há pessoas que, por estar há muito tempo na casa de Deus, acostumam-se àquela rotina e transformam tudo apenas em ritos religiosos, exatamente como faziam os fariseus nos tempos bíblicos. Essas pessoas não conseguem mais perceber a presença de Jesus. Elas vão se tornando meras religiosas, pessoas críticas, sem vida, sem vontade de servir e sem amor.

Cuidado com a rotina. Não permita que a presença de Deus deixe de causar impacto em sua vida. Não aceite a frieza espiritual, porque o Senhor odeia isso. Não vá à igreja como mero espectador, vá para se envolver, aprender e adorar ao Senhor. Fuja da mesmice, isso depende de você. Em nossa história cristã, até o nosso último dia de vida, a chama da fé precisa estar acesa. Cuide de sua comunhão com Ele como seu maior Amigo, fortaleça sua fé e se mantenha obediente em tudo.

Jamais se esqueça da responsabilidade que temos neste mundo de testemunhar o amor e a salvação de Jesus. Quanto mais íntimos de Jesus, quanto mais o conhecemos, mais confiamos nele. Quanto mais fortalecemos os laços com o Senhor, maior se torna a nossa fé e mais experiências fantásticas temos com Ele. Em vez de rotina e mornidão, nossa vida passa a ser de fé e milagres.

> Quanto mais fortalecemos os laços com o Senhor, maior se torna a nossa fé e mais experiências fantásticas temos com Ele. Em vez de rotina e mornidão, nossa vida passa a ser de fé e milagres.

Vamos buscar sempre o novo de Deus para a nossa vida. Não se prenda ao passado, mesmo que ele tenha sido maravilhoso. O tempo é algo muito valioso, escorre pelas mãos e se torna inútil se descuidarmos dele. Não é à toa que em muitos países o trabalhador recebe por horas trabalhadas no dia, e não por horas semanais. Muitas pessoas não se dão conta da importância do tempo e se deixam prender e escravizar pelo passado, por traumas, insucessos, frustrações e mágoas. Outras são ansiosas quanto ao futuro e, por isso, não desfrutam o melhor do presente, e ainda cometem atitudes precipitadas, pensando que isso as ajudará no futuro.

Cuidado, pois o passado pode engessar o presente e neutralizar o futuro. Mas o presente também pode ser um problema se for vivido com ansiedade, murmuração, precipitação e desobediência a Deus. Use seu tempo com sabedoria para que você seja útil na família, na igreja, no seu trabalho, na sociedade e por onde for.

Há pouco mais de vinte anos, eu glorificava a Deus somente com minha voz e meu louvor. Hoje tenho também a oportunidade de o glorificar como pastora, por meio de palavras de ensino e ministrações. Olhe para o hoje, para o que Deus quer fazer em sua vida para que você seja uma constante testemunha do poder dele e muitos o glorifiquem. Vamos ter disposição para que o Senhor possa realizar milagres através das nossas palavras, atitudes e de toda a nossa vida.

O Senhor sabe quais são seus planos para a nossa vida e qual é o tempo certo para nos conceder cada coisa. Persevere na fé, seja fiel, firme-se na Palavra de Deus e não tome "atalhos". Use seus dons para glorificar ao Senhor em todo o tempo. Entregue-se completamente ao

Pai celestial e não se conforme com o padrão do mundo, ao contrário, renove a sua mente na Palavra de Deus para que você dê testemunho genuíno do Evangelho e seja uma bênção por onde for.

Diariamente, pergunte a Deus: "O que queres que eu faça hoje para o teu Reino? Usa-me!" Esteja disponível para servir e Ele usará você. Esse é o coração que agrada ao Senhor — aquele que mantêm acesa a chama da vontade e da disposição. Que em tudo e em todo tempo o nome de Jesus seja glorificado e exaltado.

Nada pode parar o mover de Deus, nada vai parar a igreja de Cristo! Mesmo que tentem nos desmotivar, que alguém se levante para dizer "Você não pode, não vai conseguir", em nome de Jesus vamos cumprir o chamado como igreja, realizar as grandes obras e erguer o nome de Jesus no lugar mais alto desta terra.

Um apelo final

"Minha família é muito religiosa. Só que em 2002, quando eu tinha 13 anos, ouvi na casa de uma vizinha uma música e voz que me tocaram profundamente. Fui pesquisar quem era pelo refrão da música e descobri que era Aline Barros, com Consagração. Eu não podia ir à igreja porque minha família não permitia, então, passei a ouvir os louvores de Aline Barros para ir me alimentando espiritualmente até me tornar adulta e poder decidir minha vida. No ano de 2015, completei minha vitória me batizando nas águas, mostrando a todos minha decisão há muitos anos já tomada de seguir a Jesus."

Isabela Martins

Quantas "Isabelas" aguardam que lhes anunciemos a Palavra de Deus! Jesus nos enviou para pregar o Evangelho, anunciar a salvação e transformação que só Ele pode realizar. Eu quero vivenciar tudo aquilo que o céu planejou para a terra neste tempo. Deus planejou algo para esta geração, e se eu faço parte deste tempo, se Ele me deu vida, eu quero fazer parte desse plano de Deus com todas as minhas forças. Eu quero viver aquilo que o céu planejou, os planos e sonhos de Deus.

Se o seu coração estiver fechado, Jesus não entrará nele, pois ele diz:

Eis que estou à porta e bato. Se alguém ouvir a minha voz e abrir a porta, entrarei e cearei com ele, e ele comigo.

(Apocalipse 3:20)

Jesus não invade corações. Se você o deixar entrar em sua vida, viverá em sintonia com Deus por meio de sua Palavra, a Bíblia, que é a verdade.

Ore, clame ao céu por sua vida, sua família e por nossa nação. Aprenda a depender do Senhor em todo tempo para ser guiado por Ele em todos os momentos

Vigie seus pensamentos e fuja de tudo o que for aparência do mal. Peça ao Espírito Santo que refreie sua língua para o que não convém, e a use com ousadia para anunciar o Evangelho. Precisamos ver nessa geração pessoas comprometidas com o céu não só para serem abençoadas, mas também para abençoar; que não fazem da obra de Deus um peso, mas uma oportunidade para mostrar ao mundo a liberdade que há em Cristo. Eu quero ser alguém neste mundo que vai testemunhar de Cristo e ajudar a patrocinar a propagação do Evangelho. Eu quero ser usada por Deus com todo o meu viver para revelar ao mundo quem é esse Pai maravilhoso, o Filho que nos traz a Salvação e o Espírito Santo, nosso guia e consolador.

Disponha-se a ser um vaso nas mãos de Deus onde quer que você esteja. Participe com seus dons e recursos dos projetos de sua igreja, promova o Evangelho. Que com suas palavras e ações você seja um testemunho vivo do poder dele. Que sua boca e todo o seu ser sejam instrumentos de Cristo por onde você passar, para a glória do Reino de Deus neste mundo.

O sacrifício de Jesus naquela cruz apaga todo o nosso passado. Sua história será escrita a cada dia com base no que a graça extraordinária de Deus em Jesus garantiu na cruz. Você vai ser um grande proclamador de bênçãos e milagres, vai ajudar as pessoas a verem o escape e as maravilhas que Ele tem para elas na glória do Senhor Jesus.

Vamos ter o mesmo espírito de ousadia dos primeiros anos do cristianismo para anunciar o Evangelho. Vamos desfocar nossa visão das circunstâncias adversas, dos nossos problemas pessoais e focar em anunciar o amor de Deus e realizar os sonhos dele. A alegria que sentiremos por sermos instrumentos do Senhor para que pessoas sejam salvas será imensa.

Só a Igreja de Cristo tem algo realmente bom para oferecer às pessoas. É nela que o ser humano encontra as respostas para todos os questionamentos existenciais, pois ela é a boca do Senhor neste mundo. A Palavra da verdade, que liberta, está nos nossos lábios. Vamos abrir nossa boca com ousadia para anunciar ao mundo a graça extraordinária de Cristo. Vamos levar vida e declarar a Palavra da verdade.

Deus nos chama para resplandecer neste tempo, para que sejamos instrumentos de vida e bênçãos a outras pessoas. Repleto da graça extraordinária de Jesus, você vai vê-lo realizar coisas grandes em sua vida e na de outras pessoas que serão contagiadas por seu testemunho. Seja um cidadão do céu abençoado neste mundo para a glória de Deus. Que Ele o abençoe sem medida — esta é a minha oração!

Faça comigo esta oração:

> *Senhor Jesus, eu te entrego minha vida e te reconheço como meu Senhor e Salvador. Obrigado porque tua graça me alcançou de forma extraordinária. Agora, faz de mim um instrumento teu. Que eu tenha uma fé constante em ti. Que, a cada dia, eu seja sempre obediente à tua voz. Com o coração humilde e quebrantado, quero ser uma bênção na minha geração. Que a tua extraordinária graça alcance muitas pessoas através de mim. Amém.*

A graça em ação

"Engravidei no início do ano de 2014 e, como toda mãe de primeira viagem, eu e meu marido experimentamos ao mesmo tempo as emoções de alegria e insegurança pela responsabilidade de pôr no mundo um ser humano. Durante quase toda a gravidez, não tive qualquer problema nem enjoos, mas no sétimo mês, quando fui realizar um exame de rotina no bebê, a médica informou-me que ele tinha uma cardiopatia congênita complexa, uma má formação do coração que fazia com que a parte esquerda do coração dele quase não existisse. Tiago nasceu doze dias antes do previsto em Niterói (RJ), e logo foi internado na UTI neonatal. Depois de dez dias, meu filho foi transferido para um hospital com maior infraestrutura na Lagoa (RJ), onde lutou bravamente para viver.

Durante os 32 dias que se seguiram, conheci irmãos, amigos e familiares verdadeiros que nos carregaram no colo no momento que mais precisávamos e oraram sem cessar. A cada dia de vida de Tiago, agradecíamos a Deus por aquela oportunidade e pedíamos que realizasse um milagre, pois Ele é Pai e sabe bem qual é a dor de perder um Filho. O Senhor foi nos amadurecendo espiritualmente durante aqueles dias, nos quais tivemos muitas oportunidades maravilhosas de pregar o Evangelho no hospital, confortar outras pessoas, aprender mais sobre o amor, a solidariedade e a dor. O Senhor esperou até que estivéssemos preparados e lhe entregássemos totalmente nossa vida, inclusive nosso filho, para que fosse feito o melhor para ele.

Tiago morreu como um pequeno missionário que veio ao mundo para em pouco tempo ensinar tantas coisas a mim, ao meu esposo e a todos que cruzaram nosso caminho naqueles dias. Ele foi um instrumento de Deus por alguns dias neste mundo para que, pela primeira vez na vida, eu e minha família falássemos de Jesus a muitas pessoas. Tiago fez a diferença enquanto esteve neste mundo.

Pouco tempo depois, fomos a um congresso de jovens da minha igreja, e lá uma amiga cantou a música Esperança, que expressava exatamente tudo o que eu estava sentindo. Rasguei meu coração e adorei ao Senhor com paz e alegria, crendo que suas promessas se cumpririam em meu viver, sendo a maior delas o amor de Deus, que é o maior dos milagres e jamais nos deixa. Hoje sei que, como diz a Palavra, que 'o choro pode durar uma noite, mas pela manhã vem a alegria'. Ouço sempre a música Esperança, que me enche de fé, alegria e certeza de que o Senhor jamais falhou ou falhará em coisa alguma."

Carla Bragança

Conclusão

Fico feliz de que você tenha me acompanhado até aqui nessa viagem maravilhosa sobre a graça extraordinária de Deus. Vimos essa graça em ação na vida de muitas pessoas. Lemos relatos de milagres maravilhosos. Como é bom saber que Deus está presente e agindo para o bem daqueles que o buscam e o amam.

Mas o trabalho de Deus ainda não acabou. Sua graça extraordinária continua à disposição de todos, a fim de transformar vidas, realizar milagres e levar muitas pessoas a uma vida vitoriosa em Jesus. E o melhor disso tudo é que cada um de nós pode participar desse grandioso trabalho. Deus quer nos usar poderosamente para realizar essa missão. Eu espero, de coração, que você possa dizer a Deus: "Eis-me aqui, Senhor".

Na verdade, muitos querem ser usados por Deus para realizar grandes coisas para Ele. Querem ser instrumentos de Deus para levar as pessoas a um encontro pessoal com Jesus e a uma vida de vitórias. Querem ver milagres acontecerem em suas vidas e na vida de outros. Que bom que desejam isso! No entanto, nem sempre esses desejos são acompanhados de ações práticas e decisivas. Essas pessoas querem viver tudo isso, mas não procuram fortalecer em sua vida os princípios da graça extraordinária de Deus, que são a fé, a obediência e a humildade.

Vimos esses princípios nos três primeiros capítulos, e eles nos acompanharam ao longo de todo este livro. Esse tripé abre as portas para ação da graça extraordinária na vida de qualquer pessoa que esteja disposta a ser usada por Deus em sua missão de salvar a humanidade. Sem essa base, que é fundamental, dificilmente alguém será usado por Deus para alcançar esse objetivo.

Volto a reafirmar uma verdade revelada na Bíblia: Deus não tem filhos prediletos. Ele ama a todos igualmente. Mas, dentre esses, há aqueles que escolheram fortalecer os princípios da graça extraordinária em sua vida. Sua fé é constante e não se deixa abalar diante das dificuldades da vida. O coração deles está disposto a obedecer a Deus em tudo. Eles estão dispostos a se quebrantar, a ter o coração humildade diante do Senhor e de todas as pessoas. E, em razão disso, eles então são chamados por Deus para cumprir a missão dele aqui na terra.

Como você já leu, faz mais de vinte anos que estou realizando a missão que Deus me deu de levar a mensagem do amor de Jesus a todas as pessoas. Mas eu lhe garanto que isso só tem sido possível porque eu venho aplicando esses princípios na minha vida. Eu não sou a única a quem Deus usa para realizar sua missão. Sou uma pessoa comum como qualquer outra. Eu também tenho de continuar aplicando esses princípios em minha vida se quiser continuar a ser usada por Deus. E eu quero muito. E você? Então esteja disposto a abrir seu coração a Deus, a entregar sua vida nas mãos dele, a fim de que Ele o use para realizar grandes coisas para a honra e a glória dele.

Desejo em Deus que você cresça na fé, na obediência e na humildade, a fim de que Ele o use como um instrumento de sua graça extraordinária. Para terminar, faça comigo esta oração:

> *Senhor Jesus, eu te entrego minha vida e te reconheço como meu Senhor e Salvador. Obrigado porque tua graça me alcançou de forma extraordinária. Agora, faz de mim um instrumento teu. Que eu tenha uma fé constante em ti. Que, a cada dia, eu seja sempre obediente à tua voz. Com o coração humilde e quebrantado, quero ser uma bênção na minha geração. Que a tua extraordinária graça alcance muitas pessoas através de mim. Amém.*

Este livro foi impresso em 2016, pela Edigráfica, para a Thomas Nelson Brasil. A fonte usada no miolo é Bookman Old Style corpo 10. O papel do miolo é Offset 63g/m², e o da capa é cartão 250g/m².